華倫老師存股系列

養對股票存千萬

周文偉（華倫）◎著

第❸章 搞懂買股策略 有效降成本

目錄

比預測股價漲跌更重要的事

　　筆者在 2001 年買了 1 張三商美邦人壽的儲蓄型保單，年繳 2 萬 8,000 元，20 年繳費期滿後，每年領回 4 萬 3,000 元，可以領一輩子直到 105 歲。以筆者現年 49 歲計算，未來還有 56 年可以領。這就好像每年多了 4 萬 3,000 元的年終獎金一樣。

　　早期的保單利率比較高，銀行利率也高。在 1990 年代，銀行的活儲利率就有 5% 水準，1 年期定存利率也有 7%、8% 以上。正因如此，當時股票的殖利率都很高，7%、8% 是常見的水準。

　　我從 2005 年開始存股，以 16.2 元買進第 1 張恆義（4205，現改名中華食），當年度公司配息 1.2 元，殖利率 7.4%。以現在的殖利率水準不過 4% 或 5% 來看，當年的 7.4% 算是相當高的殖利率，但就當年銀行的定存利率來說，7.4% 算是普通。

之後中華食每年也都會配息，有時候也會配股。就這樣過了 8 年，到了 2013 年，我總共領到 16.3278 元的股息，對應我當初買的 16.2 元，已經完全回本，一般説法是：這檔股票已經零成本。達到零成本之後，我每年還是繼續領息。截至今年 2020 年為止，我總共領到 35.805 元的股息。

也就是説，15 年前我用 1 萬 6,200 元買的股票，到今年總共領到 3 萬 5,805 元的股息。中華食當然不會就此結束發放股息，只要公司繼續生產豆花、豆腐、火鍋料，公司繼續賺錢，每年我都會領到來自於公司發放的股息，而且不只可以領到 105 歲。只要人們繼續吃豆花、豆腐和火鍋，中華食會幫你賺一輩子、甚至有可能賺兩輩子、三輩子，公司會持續幫你或你的後代賺錢。

看完上述的故事，大家有沒有覺得投資中華食比買儲蓄型保單好？現在處於低利率時代，歐洲甚至有些國家是負利率，錢放在銀行不但沒有利息，還要繳保管費給銀行；再加上每年通貨膨脹率大約 2%，錢放在銀行愈久，只會讓你的消費力更加薄弱。

上一個世紀，美國通貨膨脹就漲了 2,000% 以上，導致物價每隔 20 年就翻倍，1910 年只需要 1 美元買到的東西，現在已經超過 20 美元。1900 年初，道瓊指數只有 66 點，到了 1999 年底，20 世紀結束，道瓊指數已經漲到了 1 萬 1,450 點。股神華倫・巴菲特（Warren Buffett）說，如果這樣低利率環境持續下去，道瓊指數有可能在 2099 年，21 世紀結束前上漲到 200 萬點。

10 幾、20 幾年前，銀行的利率高，股票的現金殖利率看起來不會特別吸引人，股價也相對低；而現在處在低利率時代，股票的現金殖利率雖然沒有以前來得好，卻也明顯優於銀行存款利率。更何況，雖然某些公司的現金殖利率相對低，卻具有高度競爭力及明確的成長性，長期存股的複利效果更好！所以我認為，好股票會增加你未來的消費力，把現金存進銀行，不如存這些具有競爭力的好股票。

買進股票就是一家公司的股東了，這是很簡單的事實。但由於股票市場每天都會開盤，投資人為求短期致富，常常受不了去做短線，尋求刺激，忙了 10 幾年，扣掉手續費和證交稅，好像也沒賺到多少，甚至賠錢收場。事實上，

每天大多數時間，股價的跳動都是無意義的，你根本不需要理會每天股價的上上下下，你要做的是持有好公司很久很久……給股票很長的一段時間，假以時日，你就會賺到很多很多財富，這遠比預測股價漲跌來得重要！

2020 年 6 月 21 日上午 11 點 46 分開始，在台灣某些縣市，可以看到日環食或日偏食，至下午 5 點 34 分結束。這歷時 5 小時又 48 分鐘的天文奇景，想必台灣民眾都沒有錯過，因為錯過這一次就要再等 195 年（當然，我確定 195 年後的人類還是會繼續吃豆腐和火鍋，中華食品公司還是會繼續幫你賺錢）。

中國古代傳說，月食是因為蛤蟆把月亮吃了，而日食是由於天狗把太陽吃了，俗稱「天狗食日」。所以每當日食發生時，人們總是驚恐萬狀，紛紛鳴鑼擊鼓，狂呼吶喊，企圖脅迫「天狗」吐出太陽。在印度，人們以為太陽突然消失是有一個叫做「拉胡」的魔鬼，認為是它把太陽咬了一口，造成日食。

古人的知識有限，因此當日食發生的時候，都以為是世

界末日了。這就如同 2020 年初，全球爆發新冠肺炎疫情，當時很多投資人也以為是世界末日了，紛紛在低點拋售股票。但只要你有看過巴菲特或查理·蒙格（Charlie Munger）的書，或者了解美國道瓊工業平均指數過去 160 年的走勢，你就知道，新冠肺炎造成的股市下跌是真正的好買點！就和 2003 年發生 SARS 一樣，你不但不能賣出股票，反而要用力買股票。請問，過去幾年有誰還會記得 SARS 這件事情呢？同樣的道理，再過幾年，你也會忘記新冠肺炎這件事情。

當時新冠肺炎疫情期間，我每天在臉書鼓勵大家，當下不買，難道要等疫情結束、股票大漲之後，你才要買嗎？你持有的是公司，就算公司半年或 1 年的營運狀況不好，那又有什麼關係呢？你買的儲蓄型保單只會讓你還本到 105 歲，但是好股票、好公司會每年發放股息到你 200 歲或留給下一代，公司少半年或 1 年的業績是會怎樣呢？

當時就算買不到最低點也沒關係，只要你有錢，多買 100 股，將來就多賺 100 股；多買 1 張，將來就多賺 1 張，就距離財富自由更近一步。不要太看重市場先生每天情緒

性的報價，只要你知道公司長期的內在價值，你就會對於每天瘋狂的跳樓大拍賣感到興奮！不要借貸，不要融資，用長期資金不斷累積好股票的股數，它會永遠幫你工作，成為你的被動收入！

華倫老師存股存了 16 年，股息從每年 10 萬元到今年可以領到 190 萬元，我希望藉由本書，可以分享自己長期投資的心路歷程。如果你是股市新手或剛出社會的年輕朋友，這就太棒了。因為複利的累積需要時間，愈早開始愈好，如果你能貫徹長期存好股的精神，相信你一定可以比我還要早退休；如果你是在股市打滾多年的老手，卻還不能累積到幾千萬元資產，買賣股票沒有準則，沒有紀律，我也希望藉由本書可以讓你對股票投資有不同的認識。

當然不是所有股票都能買，都能存的，本書會從最基本的價值投資開始講解，教你如何在能力圈範圍選股？如何建立投資組合？萬點如何存股？面對上漲或下跌的情緒如何調適？如何利用股票出借增加收入？還有我手中一些股票最新的基本面分析……等等。現代人不怕日食和月食，是因為我們具備天文知識；但要如何面對股票市場的大風

大浪，希望「華倫老師存股系列叢書」可以幫助到你。知識就是力量，就是財富！

巴菲特從 1988 年開始買進可口可樂股票，至今持有 32 年；華倫老師從 2005 年買進中華食股票，迄今也持有 15 年。巴菲特熱愛可口可樂，我熱愛中華豆腐，我找到了我的最愛，那你呢？只要你明白價值投資的真理，你也可以找到你的最愛。

最後希望大家用最愉快、最輕鬆的心情開始存股。設定一個目標，你會發現每一年你都在進步，每一年你都距離目標更接近，當然每個股票交易日的 13 點 33 分，華倫老師都會在臉書與大家見面。預祝大家投資順利。

周文偉

第1章 | 建立正確觀念
只當投資者

1-1
存股族買進具競爭力公司 時間就是最好的護城河

　　自 2015 年出版了第 1 本書、開設臉書（Facebook）粉絲專頁開始，到現在已經 5 年了，一路上認識了非常多存股同好和讀者朋友。有長期看我文章的朋友們都會知道，我持有的股票很少變動，除非公司基本面轉壞，否則「車子沒有故障不用下車」；除此之外，我很少賣股票，尤其遇到股災時，我一定繼續加碼。

股災是存股族理想的進場時機

　　近年來遇到中美貿易戰爭造成的 2018 年 10 月股災、2020 年 2 ～ 4 月新型冠狀病毒肺炎（COVID-19，以下簡稱新冠肺炎）導致的股災，我都不斷強調，這時候不僅不應該賣股票，更是存股族理想的進場時機。

　　2014 年，我的股票市值是 2,173 萬元，2018 年底

圖1 新冠肺炎疫情後，華倫持股市值再創新高
台灣加權股價指數走勢圖vs.華倫持股市值變化

年份	年底資產（萬元）	年份	年底資產（萬元）
❶ 2005	116	❿ 2014	2,173
❷ 2006	386	⓫ 2015	2,448
❸ 2007	562	⓬ 2016	2,592
❹ 2008	473	⓭ 2017	3,379
❺ 2009	1,128	⓮ 2018	3,645
❻ 2010	1,331	⓯ 2019	4,622
❼ 2011	1,857	⓰ 2020.03	3,655
❽ 2012	2,065	⓱ 2020.06	4,807
❾ 2013	2,299		

註：1.資料日期至2020.06.05；2.持股市值皆為年底數值；3.2014年停損王品（2727）還清房貸餘額220萬元
資料來源：XQ全球贏家

達到 3,645 萬元，2019 年更提高到 4,622 萬元。而在 2020 年新冠肺炎股災期間，股票市值一度減少約 1,000 萬元；不過恐慌過後，不到 2 個月的時間，我的股票市值又回到 4,800 萬元（詳見圖 1）。

　　常常有讀者私訊我，最常問的問題就是，我的部分持股是在 2005 年開始買進，成本很低；就算近期股災使股價下跌，跟 10 多年前相比也高出不少。

　　例如中華食（4205），我最早買進的持股因為 16 年來的配股配息，早已零成本，2019 年最高漲到 93.8 元，而 2020 年 3 月股災時最低跌到 69 元，我當然老神在在。

　　可是，很多人才剛開始存股不久，持有成本比我高很多，遇到股災就會想趕快脫手，怎麼敢續抱、甚至加碼？我建議大家持股續抱，難道不是強人所難嗎？

　　沒有錯，我在 2005 年買過 16.2 元的中華食。不過到了 2007 年，中華食漲到 22 元，累積漲幅 35%，我還是照樣買進。

　　隔年是 2008 年，就遇到了金融海嘯，中華食最低跌到 15.7 元，跟 22 元相比跌了 28%，甚至跟 2007 年最高點 31.4 元相比更是腰斬，當時我的帳上也是滿滿的負報酬。我也可以說，當時我的持股成本很高呀！

　　我之所以現在成本很低、甚至零成本，是因為持有股票 16 年，如果你現在買一檔股票持有 16 年，成本自然就會降低。

　　基本上，只要選擇寡占、壟斷、具有護城河和定價權的民生消費股票，若沒有意外，股價長期慢慢走高是必然的。因此，持有股票時間愈久，成本愈低也是必然的。當然，持有股票的期間，如果碰到公司競爭力下滑，獲利大幅衰退，才需要賣出持股，否則就是長期當公司股東就可以了。

　　中華食正是這樣的股票，從我開始持有中華食至今（截至 2020 年 6 月），已經邁入第 16 年。這段期間中華食每年都在努力生產、銷售豆腐，在台灣盒裝豆腐市場的龍頭地位屹立不搖，就算是成本上漲，也擁有強大的定價權。所以中華食的獲利不僅維持穩定，長年來更有小幅增長。

從近 15 年的獲利數據可以很清楚看到（詳見圖 2），中華食 2005 年的稅後淨利約 1 億 200 萬元、2019 年是 2 億 8,500 萬元，獲利規模 15 年成長了 179%；2005 年底中華食收盤價是 18 元，2019 年底收盤價則是 89.5 元，不含股息累積上漲了將近 400%，可見獲利的穩定增長，明顯成了股價的強力支撐。

身為中華食的投資人，不僅能享受股價的上漲，還能年年領到中華食配發的股利，持有成本自然愈來愈低。所以，想要成本變低很簡單，就是學我長期存好股；10 多年後，就換別人羨慕你持股成本很低了。

那麼不管股價多高，都可以持續追高買股票嗎？也不盡然如此，關於股票適合買進價位的評估，我會在後面的篇章進一步分享我的做法（詳見第 3 章）。

存民生必需品龍頭股，才敢抱股度過股災

我也常常收到讀者來信或私訊詢問：「○○股票好不好？」「○○股票能不能存股？」我常常只能對讀者說抱

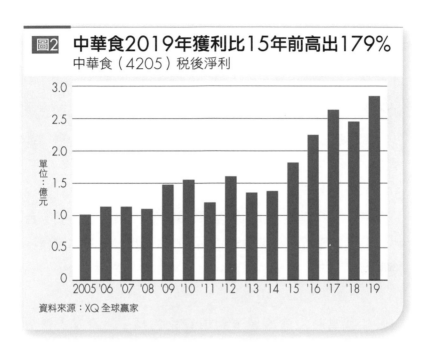

圖2　中華食2019年獲利比15年前高出179%

中華食（4205）稅後淨利

單位：億元

資料來源：XQ 全球贏家

歉，因為很多股票我完全沒有研究，沒有辦法一一分析。
我只能專注在我的「能力圈」，只研究我可以輕易看懂的
好公司、消費者會重複消費的民生必需品公司；只有這樣
的股票，我才敢長期持有，也才敢不畏股災，不僅不賣，
還要繼續加碼買。

　要是存錯股票，又是另一回事了。

　　想起我在 1997 年進入股票市場之後，特別喜歡買市場上熱門產業的龍頭股；例如軟體系統整合業者敦陽科（2480）、特殊應用積體電路（ASIC）及矽智財（IP）供應商智原（3035）、電子設計自動化（EDA）公司思源（已被購併下市）、光碟製造商錸德（2349）……等，都是 300 元、400 元以上的高價股。

　　而在 2000 年～ 2001 年網路泡沫化股市大跌期間，台股大盤從萬點以上最低跌到 3,411 點，我每天看到股票暴跌實在受不了，最後把股票砍光，幾乎賠光所有的錢。

　　假如我當時沒賣股票，到現在會怎樣？答案是「會更慘」。即便現在大盤來到萬點，上述股票的股價都比2000 年時更低，甚至還有下市的。

　　所以我在 2000 年時暫時退出股市，開始看華倫‧巴菲特（Warren Buffett）、彼得‧林區（Peter Lynch）等投資大師的書。2005 年重回股市，照著巴菲特的選股邏輯開始「投資股票」，也就是收購公司股權，走上「存股」投資這條路；當時我買了佳格（1227）、中華食、電信

三雄股票（中華電（2412）、台灣大（3045）、遠傳（4904）），股價都不貴。我平時很節省，每月的薪水扣除生活支出後，幾乎全部用來買股票。這次買的股票都慢慢上漲，股息也愈來愈多，我的股票市值很快增加到900萬元。

2008年金融海嘯時，儘管我的股票市值在半年內跌到只剩500萬元，佳格從37元跌到14.7元，中華食從31.4元跌到15.7元，當時我都堅持不賣股票（其中佳格因為獲利連續衰退，我在2012年時出清）。因為我很清楚，這次買的和之前的電子股不一樣。我很清楚我持有的是民生消費必需品股票，不用擔心消費者不吃豆腐、不打電話、不上網；所以我不但沒賣，還每個月加碼。2009年底，我的股票市值成長到1,100萬元。

我掌握到一個再簡單不過的道理：買進一張股票，就是成為這家公司的股東。隨著時間的累積，我不斷增持這家公司的「股數」；直到有一天，收購了很多公司的股權之後，我就不用上班了。因為我投資公司的經營團隊和員工會幫我工作賺錢；而公司每年賺的錢，其中一部分會流進我的

口袋，這就是「股息」（現金股利）。

我在 2016 年，也就是 45 歲這一年，正式告別流浪教師的生涯，展開退休生活。雖然少了工作收入，但是我每年仍然都有現金進帳，因為中華食會繼續生產中華豆腐；就連我在睡覺的時候，24 小時經營的超市和便利商店，也繼續販售中華食製造的豆腐。我所投資的統一超（2912）、德麥（1264）、日友（8341）、崑鼎（6803）……等公司，也會繼續幫我賺錢，然後每年發股息給我。

2020 年是我存股的第 16 年，預計將能領到近 180 萬元的現金股息和超過 10 萬元的借券收入（詳見表 1）。由於我持續將股息買進股票，持續增加持股，未來每一年，我相信我會領到愈來愈多錢。

存錯股票，命運大不同

最後我們就來比較一下，存到對的股票和錯的股票，經過 12 年，會有什麼不同？就以中華食以及面板股友達（2409）為例，在 2008 年金融海嘯和 2020 年新冠肺

表1　2020年預估可領股息＋借券逾190萬元

華倫年度股息、借券收入變化

年度	股息（元）	借券收入（元）	股息＋借券收入（元）
2008	183,013	—	183,013
2009	309,350	—	309,350
2010	363,061	—	363,061
2011	732,333	—	732,333
2012	904,365	—	904,365
2013	1,098,019	—	1,098,019
2014	1,038,414	—	1,038,414
2015	1,077,183	14,650	1,091,833
2016	1,196,792	180,508	1,377,300
2017	1,284,910	80,590	1,365,500
2018	1,716,012	165,261	1,881,273
2019	1,657,977	81,138	1,739,115
2020	1,782,710	100,000	1,900,000

註：2020 年為最低預估值

炎疫情時，這兩檔股票的股價都受到衝擊；金融海嘯12年後，它們的股價、股利與獲利的表現又有什麼不同？

　　先看 2008 年金融海嘯。大盤從 9,309 點最低跌到 3,955 點，中華食最低點是 15.7 元、面板股友達最低點

是 17.8 元。

再來是 2020 年新冠肺炎疫情。大盤從 1 萬 2,197 點跌到 8,523 點，中華食股價最低跌到 69 元、友達最低跌到 6.1 元。中華食股價已經比金融海嘯低點高出 3 倍以上，友達股價卻不到金融海嘯時低點的一半。

友達不僅股價遠遠不如中華食，股利政策也落後許多。假設在 2008 年買進 1 張中華食，一直持有至 2020 年；經過 12 年的配股，1 張中華食股票將會成為 1.3431 張，每股股息累積約 28 元（詳見表 2）。

同樣在 2008 年買進 1 張友達，一直持有至 2020 年。經過配股，1 張友達股票可變成 1.03 張，不過每股股息一共只累積約 4 元（詳見表 3）。

再看公司獲利。前文提到中華食 10 多年來獲利穩定向上增長，2019 年的稅後淨利 2 億 8,500 萬元，EPS（每股盈餘）3.53 元，創歷史新高。2020 年第 1 季 EPS 為 0.98 元，且毛利率、營業利益率、稅後淨利率全都創下歷

表2 ## 12年後，2020年中華食每股領息約28元

以2008年買進1張中華食（4205）為例試算

年度	配息 （元）	配股 （元）	配股之後股息 （元）	累積張數 （張）
2008	1.5	—	1.50000	1.0000
2009	1.0	1.0	1.00000	1.1000
2010	2.0	—	2.20000	1.1000
2011	2.0	—	2.20000	1.1000
2012	1.0	1.0	1.10000	1.2100
2013	2.0	—	2.42000	1.2100
2014	1.5	—	1.81500	1.2100
2015	2.0	—	2.42000	1.2100
2016	1.5	1.1	1.81500	1.3431
2017	3.0	—	4.02930	1.3431
2018	2.8	—	3.76068	1.3431
2019	3.0	—	4.02930	1.3431
合計	23.3	3.1	28.28928	1.3431

資料來源：XQ 全球贏家

年同期新高。

　　反觀友達，2008 年來獲利時好時壞，2019 年稅後虧損 192 億元，EPS 為 -2 元，2020 年第 1 季持續繳出虧損成績，稅後虧損 49 億 9,100 萬元，EPS 為 -0.53 元。

表3 **12年後，2020年友達每股領息約4元**

以2008年買進1張友達（2409）為例試算

年度	配息（元）	配股（元）	配股之後股息（元）	累積張數（張）
2008	0.30	0.3	0.3000	1.03
2009	—	—	—	1.03
2010	0.40	—	0.4120	1.03
2011	—	—	—	1.03
2012	—	—	—	1.03
2013	0.15	—	0.1545	1.03
2014	0.50	—	0.5150	1.03
2015	0.35	—	0.3605	1.03
2016	0.56	—	0.5768	1.03
2017	1.50	—	1.5450	1.03
2018	0.50	—	0.5150	1.03
2019	—	—	—	1.03
合計	4.26	0.3	4.3788	1.03

資料來源：XQ 全球贏家

　　存股一定要盡量選擇不受景氣影響、定價能力高、生產民生必需品的公司。即便遇上股災，都不太會影響公司的獲利水準，只會影響短時間的股價。就像是中華食，在2020年疫情來臨時，儘管餐廳需求減少，但是家庭需求增加，讓中華食的業績不減反增；亮眼的業績直接反映到

財報數字，股價也迅速回到疫情發生前的水準。

前 2 年投資人看著股價不斷創新高，無不心心念念希望來一次大崩盤，好讓自己有機會用低成本買進股票。2020 年終於等到機會了，你有買股票了嗎？不過，這次錯過了大崩盤也沒有關係，選定幾檔好股票，慢慢買、分散買，下一次再遇到股災，別忘了勇敢加碼。

老話一句，只要你選的是有競爭力和護城河的公司，持有時間愈久，成本愈低、賺愈多是必然的。「時間」就是存股者最好的護城河。

1-2　擺脫「早知道」情緒 及早開始建立存股部位

　　近幾年經常會接到媒體的邀訪，有幾次，對我投資方法比較不熟悉的媒體，也會提出這樣的問題：「請問你今年的存股策略是什麼？」「請問你今年看好什麼股票？」

　　我的答案是，我每年的存股策略都一樣，而我今年看好的股票跟去年一樣。2014 年底我的股票市值為 2,173 萬元，現在是 4,807 萬元（截至 2020 年 6 月 5 日）。

　　大家都想知道我做了什麼？其實我什麼都沒做，我只是單純買進「好股票」，之後就繼續持有、觀察，等到適合的時機逢低加碼，或等基本面轉差時出清該檔股票。

　　投資致富真的可以這麼簡單嗎？我也曾經用複雜的方法買賣股票，像是看 K 線圖、追熱門股，熱中於產業本身複雜到我根本不懂的股票，彷彿產品愈艱深、愈難懂，就愈

了不起、愈能成為飆股；結果，下場不是小賺，而是慘賠，被市場狠狠教訓了一頓。

開始學會從日常生活裡挑選產業單純、簡單易懂、讓我「有感」的賺錢好公司之後，我終於享受到投資的成果。對我來說，簡單的方法比複雜的方法更好，少做（慎選標的買進持有）也比多做（頻繁買賣）好，長期持有比短線持有更好。

過去無法扭轉，那就改變未來

許多讀者朋友總會說和我相見恨晚，多希望在 10 年前就認識我、跟我一起買不到 20 元的中華食（4205）、不到 60 元的日友（8341）、不到 100 元的統一超（2912）。我也總是回答，我也希望我能更早認識股神華倫‧巴菲特（Warren Buffett）。

如果我能在 1990 年用每股 5,500 美元（約合當時新台幣 15 萬元），直接買進巴菲特運營的波克夏公司（Berkshire Hathaway）股票，2020 年 6 月每股的股價

大約是 30 萬美元（約合新台幣 900 萬元），累積漲幅是將近 5,355%。要是我當時一次買進 5 股，那麼我將近 30 年來什麼都不用做，就能擁有超過新台幣 4,500 萬元的股票資產。

然而問題來了，1990 年我還在念大學，雖然有打工賺錢，卻也湊不出錢一次買到 5 股波克夏的股票。就算真的有錢買進，剛開始進入股市肯定是有賺就跑，也許賺了 10%、20% 就賣掉了，賣掉之後就不敢再買回來。

那麼，難道錯過了讓巴菲特幫我致富的機會，就不能做其他投資了嗎？如果我老是陷在「早知道……現在就能……」的後悔情緒裡，我可能到現在還只是個剛還清房貸、存款不多、四處找工作、憂心下半輩子沒有收入的流浪教師。

每一個時代都有不同的時空背景，而同樣的時空背景永遠不可能重來一次。就算時光能夠倒流，知道以後會發生什麼事，那怎麼不乾脆花 50 元買 1 張會中頭獎的樂透彩券，一步登天成為億萬富翁呢？

　　所有投資賠錢的人都會希望，回到股價下跌前賣出股票；看著股價長期上漲而遲遲不敢投資的人，也都希望能回到股價起漲前買進股票。然而事實是，我們不可能回到過去做出不同選擇，老是喊著「早知道」、悔恨過去是沒有意義的；既然過去無法扭轉，那就改變未來，在現在的時空背景，用現在學到的知識，準備好所能投資的資金，做此刻力所能及的事。

複製成功者的投資策略，成為好公司股東

　　其實，巴菲特也不是一開始投資就確立「買好公司」的投資策略，他也是逐步修正而來的。在執掌波克夏公司之前，他是集合自己和親友的資金，以私人基金的模式，主要投資在「價格低於價值」的公司；這些公司被稱為「菸蒂」或「菸屁股」。巴菲特描述，這種公司只剩下抽最後一口的價值，抽完一口之後也沒辦法有更多期待了。

　　1962 年，波克夏公司當時還是紡織廠，生意已經沒落，但是巴菲特評估後，發現以夠低的價格買進這家「菸屁股」公司，仍有機會獲得滿意的報酬。當年巴菲特管理的資金，

就以每股 7.5 美元,第 1 次收購了波克夏股票。

果然,後來波克夏公司開出了比 7.5 美元高了 50% 左右的價格,想要回購巴菲特手中的股票。不過,巴菲特選擇了持續增加持股,並在 1965 年取得波克夏公司經營權,之後開始使用波克夏公司的現金去收購其他公司。

經營波克夏時期,巴菲特主要採用「用合理價格投資好公司」的投資策略,他專挑擁有強大護城河、不受景氣變動影響獲利的公司,買進這些公司的股票或進行購併。就這樣,帶領波克夏,一步一步成為如今全球市值排行前 10 大的超大型企業。

連巴菲特也是在過程中摸索出成功的投資策略,像我們這樣的平凡人,也就不用太過責備自己過去失敗的投資行為了。

儘管時空背景沒辦法複製,我們卻可以複製成功者的投資策略。就像是我沒辦法用跟巴菲特一樣的價格買進他所持有的股票,但是我可以學習他的成功投資策略,選擇投

資簡單易懂的公司，成為這些好公司的股東，長期領股利、參與公司的獲利與成長。你晚了我 10 幾年投資也沒有關係，晚開始總比不開始更好，就怕你永遠都不肯行動。

　　最後，對美股有研究的讀者會跟我說，現在買波克夏股票應該也還不遲吧？因為波克夏曾在 1996 年將原始的波克夏股票，挪出一部分，分割為波克夏 B 股（BRK.B），原始的股票則稱為波克夏 A 股（BRK.A）。2010 年，又將波克夏 B 股分割為更小的單位。所以我們現在看到的波克夏 B 股，股價是波克夏 A 股的 1/1,500。

　　以目前的股價來看，波克夏 B 股的股價約 200 美元（2020 年 6 月初），折合新台幣約 6,000 元就能買到 1 股，肯定負擔得起，為什麼我還是沒有投資呢？

　　這是因為，美股的交易方式與交易時間都跟台股不同，還要考慮匯差、手續費等成本，對我來說有點複雜，而且波克夏幾乎不配發股息（波克夏唯一的一次配息在 1960 年，配發現金股息 10 美分），因此對於當時還是流浪教師，需要穩定股息收入的我可能比較不適合；相較之下，台股

交易方式比較簡單，手續費更便宜，也沒有匯率問題。

　　現在，我在台股已經累積到一定的股票部位和穩定成長的配息，我的資金運用方式將更有彈性。未來，我也不排除會為了追求資產的成長，而直接買進波克夏的股票。

1-3 誤把股票當彩券買 永遠中不了頭獎

　　常逛我臉書粉絲專頁的讀者，如果有看我文章底下的留言，應該都對我的好朋友禹安不陌生。禹安是很有毅力的存股族，也曾和我一起上過《Smart智富》月刊的封面故事。

　　禹安有一個朋友，是個老菸槍，固定會去 7-Eleven 買香菸。他不懂股票，也從來沒有想過要投資，因為有太多人用親身經歷告訴他，玩股票會輸錢，會賠光積蓄；所以他寧可把賺來的錢花掉，也不願意去買股票。

　　經過禹安苦口婆心的解釋，他好像稍微明白什麼叫做投資了。他每個月還是會去 7-Eleven 買香菸，但是買得比較少了。每個月省下來的錢，即使是幾千元，都拿去買統一超（2912）零股。

　　這位朋友的統一超持股愈來愈多，香菸倒是愈買愈少；

他不但身體變好（因為菸抽得少），而且股息變多，股票資產也增加了。他不僅是 7-Eleven 的消費者，也是 7-Eleven 的股東。

相信有不少在都會區工作的上班族，也經常到 7-Eleven 消費。中午吃完飯去買瓶飲料，結帳的人潮總是大排長龍，不少人甚至會到 7-Eleven 解決三餐或消夜。看到 7-Eleven 生意這麼好，也許有人的想法是，不如也來加盟成為超商老闆好了。不過，經營超商需要加盟金，還需要付出心力去營運，所以很快就打消這個念頭。

想分享 7-Eleven 的獲利，還有一個方法，那就是像禹安的朋友一樣，在市場上買進股票，成為統一超的股東。身為股東，每當你走進這家超商，心情都會很好，因為當你看到大家來消費，其中有一部分的錢，就會在隔年以股息的形式，流入你的口袋。

投資是認同公司的價值，不是賭股價漲跌

每一檔股票都代表著一家真實的公司，有上市櫃的好公

司，人人都可以透過持有股票，去分享公司的獲利，讓好公司幫你賺錢，這就是投資股票最重要的意義。

　而為什麼在股票市場中，有這麼多的股民賺不到錢呢？因為很多人不是在投資，而是根本就把股票當成樂透彩券，抱著想要短期致富的美夢。他們選股的方法經常是聽明牌，聽某某人說這檔業績好、技術線型漂亮，接下來應該會漲，就不由分說地買進，把漲跌當成賭注。有時候，股價漲了幾塊錢，帳上出現幾千元或幾萬元獲利，就高高興興賣掉，然後再繼續尋找下一張彩券。

　不過，多數的時候，都是買進已經漲了好幾天的股票之後，股價就不漲了；套牢了好一陣子，看到股價終於漲回來就急忙解套出場，白忙一場。再不幸一點的，就是股價持續創新低，賣了又不甘心，乾脆不去管它，眼不見為淨。

　要知道，繼續這樣下去，絕對不可能中到頭獎的。大家應該都很清楚，彩券中獎沒有規則可循，沒有方法可言。幸運贏了 1 次，卻很難贏第 2 次、第 3 次……用這種心態投資股票，又怎麼可能穩定地增加資產呢？

　　也許很多人會說，「我只是拿出幾十萬元來玩玩。」其實他心中夢想的是將幾十萬元變成幾百萬、幾千萬元，卻沒想到這幾十萬元可能過了 10 年還是幾十萬元，甚至沒幾年就將幾十萬元全部賠光。

　　一個好的投資方法，它的條件是必須有邏輯、可重複運用的。所有能夠成功致富的投資大師，絕對都不是聽明牌致富的；他們一定有一套完整的系統，從選股、買進、賣出，全都進退有據。

市場短期是投票機，長期是體重計

　　很多人也會說，「股票就是要低買高賣，才有真實的獲利入袋呀！」所以他們會過度關注股價變動，以股價為唯一的買賣憑據。

　　股價之所以是我們所見到的股價，有很多原因，不過歸根究柢，會影響股價變動的原因主要來自兩個部分：

　　1. 公司的價值：華倫‧巴菲特（Warren Buffett）認為，

只要能夠估算公司的價值，就可以計算出股票的價值。當公司愈有賺錢的能力，股價就會愈高；當公司缺乏競爭力、虧損連連，股價自然也就愈低。

2. 市場的評價：假設一家穩定經營的公司，每年賺的錢都差不多，未來也沒有太大的成長性，市場也都這麼認同，可想而知，這家公司的股價大概不會有太大的變動。每天的漲跌就只是買賣雙方的拉鋸而已，沒有太大意義。若是一家極具題材的公司，例如搭上了最熱門的產業趨勢，市場相信它未來具有高成長性，就會有許多人爭相買進，使得股價飆漲。相反地，當市場不看好某家公司的未來，就會大量拋售股票，使得股價崩跌。

而我自認無法預測其他投資人的行為，也很難預測股價在脫離它應有的股價後，會漲到哪裡去，所以股價並非我決定買賣的唯一依據。只有我認同一家好公司的價值，了解它的基本面，且股價符合或低於公司價值，我才會買進。我喜歡巴菲特所引用葛拉漢（Benjamin Graham）說過的一段話：「短期而言，市場就像是台投票機，但是長期而言，它更像是台體重計。」

不理解公司基本面，進退難有據

　　不理解公司基本面，也不知道該怎麼估算公司價值，就不會知道該怎麼評估公司是不是值得持有，自然也不知道何時該買賣。

　　通常股市多頭的時候，投資人確實容易隨便買隨便賺；從上一個人手中買到股票，再用更高的價格賣給下一個人。所以就算眼光精準，買到了競爭力強大、具有護城河的好公司股票，在不夠了解公司基本面的情況下，就算股價只下跌了 1%、3%，也會心生恐懼；或是在發生系統性風險，使得好公司股價大跌、出現難得的絕佳加碼時機時，更是縮手不敢買進。

　　若是不小心買到了景氣循環股，投資人也往往因為不理解公司與該產業的景氣循環，買在波段高點，就此長期套牢。以 2018 年最熱門的被動元件族群為例，2000年由於國外大廠退出市場，造成供需嚴重失衡，禾伸堂（3026）的股價大漲到 999 元，超越華碩（2357）和廣達（2382），登上股王寶座。但隨著科技泡沫破裂，禾

伸堂股價持續崩跌，到了 2008 年金融海嘯時，最低跌到了 16.05 元，之後股價長期游走在 23 元～ 50 元之間。

過了多年之後，就在 2017 年底開始，過去的 2000 年瘋狂行情重演，被動元件族群再度成為熱門標的。2018 年國巨（2327）暴漲到 1,310 元成為股后，禾伸堂也大漲到 301 元。

但話說回來，暴漲的國巨和禾伸堂，也在短短幾個月的時間（截至 2018 年 10 月 15 日），最低暴跌到 378 元和 106.5 元（詳見圖 1）。這兩檔股票的投資人，又知道何時要加碼，何時必須退出嗎？

假設時光倒流到 2000 年，如果你當時「投資」禾伸堂，並且是在 800 元、900 元買進，就算計入歷年股利，放到此刻也還沒有解套（以 2020 年 6 月 5 日收盤價 127 元計算），這哪裡有「複利」？這哪裡算「投資」？

投資是研究公司的基本面後，發現本金虧損的機率不高，投入本金後，長期能獲得滿意的報酬。但是，如果經過了

10 年、20 年還在虧損，這就不算投資了。

　　再回到本文一開始的主角，統一超的零股他買了 2 年，也有人問他，買了 200 多元的高價股，不怕崩跌嗎？筆者也曾買過 450 元的王品（2727），它在 2014 年初的股價還有 500 元，接著獲利出現衰退。我到王品旗下餐廳用餐時，發現客人變少、生意不好了，這是騙不了人的，因此我在當年 9 月以 410 元停損，賠了約 70 萬元。

　　檢討當初的買進原因，我發現自己沒有考慮到王品不具備明顯的「護城河優勢」。餐飲業競爭激烈，再龐大的連鎖餐廳，也很難創造寡占優勢，所以我決定不再當王品的股東，2020 年 3 月 19 日，王品股價最低跌至 49.55 元。

　　為什麼本文的故事主角敢從 200 多元就一直買進統一超零股？因為他看到統一超的生意一直都很好，就像筆者長期持有並不斷加碼的中華食（4205）、大統益（1232）也是類似的狀況。當我到賣場、夜市、超商等地方，看到這些公司生產的豆腐、沙拉油的生意都很好、市占率很高時，我這個當股東的連做夢都會笑。

圖1　2017年禾伸堂暴漲後，隔年又迅速暴跌

禾伸堂（3026）股價走勢圖

註：資料日期至 2020.06.08　　資料來源：XQ 全球贏家

套句巴菲特在買進吉列（Gillette）刮鬍刀時說的話：「每當我想到全世界有 20 億名男人每天早上要刮鬍子，我就能安然入睡。」

存股看長不看短
1-4　公司前景清楚才能安心抱股

　　我知道很多讀者煩惱的是，即使知道應該要存擁有護城河、值得長期持有的好公司，但是好幾檔耳熟能詳的股票，股價都已經漲很多了。現在買的話，會比 10 年前買貴很多、比我少賺很多，實在吃虧，所以一直無法說服自己買下去。

　　投資好公司千萬不能有這種心態。這就像是公司聘請一位 25 歲、經驗不多，但是很有潛力的年輕人，也許剛開始只能給他年薪 40 萬元。不過這位年輕人努力工作，不斷累積專業，能為公司賺錢，公司就會幫他加薪。

　　而隨著工作年資增加，他的專業能力愈來愈深厚，能夠創造的業績愈來愈高，名聲愈來愈響亮，就會成為更搶手的人才；會有更多大企業、甚至頂尖的跨國公司想要網羅他，所以他能夠獲得的年薪也就會愈來愈高。

難道後來用更高年薪聘請他的公司，全部都是笨蛋嗎？當然不是，因為了解這位人才的專業，知道他能為公司帶來更多業績、賺到更多錢，所以才願意爭相用更高的代價，去換取優秀人才能帶來的價值。

好公司股價理應持續上漲，合理價買進不吃虧

同樣地，身為投資人，你也可以把自己想像成老闆，買進股票就像是在花錢請企業幫你工作；而用更高的股價買進已經上漲的股票，就像是用更高的薪水去聘請能夠為你賺更多錢的企業。只要你付出的價格合理，又怎能算是吃虧呢？

所以，你慢我10幾年買進同一家好公司的股票，當今天公司的價值已經比10幾年前高出很多，那麼你用更高的價格買進也是正常的。

用統一超（2912）來當例子。2005年統一超的年度營收約新台幣1,199億元，年度獲利約36億元，EPS（每股盈餘）為3.99元；2019年，統一超的年度營收約2,560

表1	統一超2019年EPS約為2005年的2.5倍		
	統一超（2912）營收與獲利變化		
年度	營業收入（億元）	稅後淨利（億元）	每股盈餘（元）
2005	1,199.41	36.53	3.99
2006	1,329.45	38.22	4.18
2007	1,419.82	36.22	3.96
2008	1,458.99	35.20	3.85
2009	1,482.78	40.59	3.90
2010	1,699.17	57.26	5.51
2011	1,892.52	63.52	6.11
2012	1,926.03	59.16	5.69
2013	2,006.11	80.37	7.73
2014	2,004.38	90.90	8.74
2015	2,054.81	82.39	7.92
2016	2,153.59	98.37	9.46
2017	2,211.32	310.17	29.83
2018	2,448.88	102.06	9.82
2019	2,560.59	105.43	10.14

註：2017年統一超有出售上海星巴克股權的一次性收入，因此獲利異常提高
資料來源：XQ全球贏家

億元，年度獲利約 105 億元，EPS 為 10.14 元（詳見表
1）。15 年來，統一超的營收與獲利規模都大幅增長，我
們又怎麼可能期待，用以前的股價去買獲利已大幅躍進的

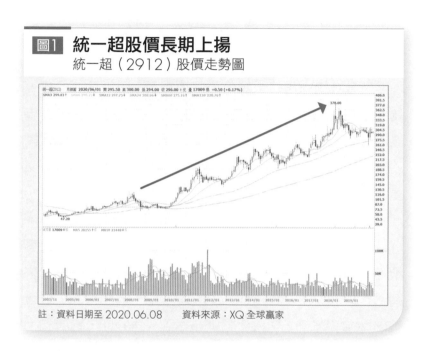

圖1 統一超股價長期上揚
統一超（2912）股價走勢圖

註：資料日期至 2020.06.08　　資料來源：XQ 全球贏家

公司呢？這就像是一個年薪千萬元的超級業務員，你不可能用他剛出社會時的年薪 40 萬元聘請到他，因為市場上會有更多人願意以更好的條件去招募他。

　來看看統一超的股價，2005 年底的收盤價是 68.8 元，2019 年底的收盤價是 304 元（詳見圖 1）。股價雖然會波動，但是只要統一超獲利能力繼續維持甚至成長，就永

遠等不到它的股價會跌回 2005 年的位置。

　　再來看看統一超這十幾年來的事業體變化。2005 年，統一超在台灣的門市僅有 4,000 家，也剛進入菲律賓市場不久；到了 2020 年，統一超在台灣有超過 5,700 家 7-Eleven 門市、在菲律賓也開了近 2,900 家的 7-Eleven 便利商店。

　　另外，統一超在台灣擁有超過 400 家的康是美、超過 450 家星巴克，旗下更有統一速達黑貓宅急便、博客來網路書店和 206 家家樂福（截至 2020 年 5 月底，包含 137 家家樂福和 69 家便利購超市）。2020 年 6 月初，家樂福宣布要以新台幣 32 億元收購全台灣 224 家頂好超市和 25 家高端消費超市 JASONS Market Place。隨著統一超不斷擴展事業版圖，2020 年的公司價值自然遠遠超過 2005 年，當然股價也就不可同日而語。

宏觀看待投資，別被短期股價波動左右

　　一個人能為單一公司帶來的貢獻是有限的，因為人有可

能會生病、會跳槽、會退休；但是一家優秀的企業，只要能夠維持其競爭力，就會持續賺錢、持續成長。美國知名價值投資網站「GuruFocus.com」創辦人田測產（Charlie Tian）博士有一本著作《像投資大師一樣思考：避開價值陷阱，只買好公司》，書中就提到一個觀念——好公司生來就是要不斷成長的，明天的價值會高於今天。

　　投資朋友想必都聽過一句話：「長線保護中線、中線保護短線。」從技術面來說，意思是當長期的股價趨勢是上漲的，那麼短中期的股價就會沿著長期的向上趨勢行進。

　　而我身為基本面投資人，會這樣解讀——只要能清楚看到公司的未來前景，5 年、10 年也好，那麼短中期的股價波動就不用感到害怕。若因為短暫的利空造成股價大跌，就是長期存股者進場的大好機會。要用宏觀的眼光去看待投資，不要短視近利。

　　舉個例子，日友在 2016 年從前波高點 161.5 元（2016 年 6 月 4 日最高價），不到半年就跌到 102.5 元（2016 年 11 月 2 日最低價）。記得當時就有某分析師評論，日

友在中國的子公司北京潤泰（北京潤泰環保科技公司），
垃圾少收了幾公噸，並且將此視為日友的利空，短視的投
資者也可能會因此急忙出脫股票。

　　但是，若懂得用宏觀的角度去看，就會了解到，當時中
國分公司貢獻給日友的獲利，比重本來就很低，少收了一
點垃圾根本微不足道；而且這根本是偶發事件，不是常態。
當時我在 122 元、112 元、104.5 元分別各加碼了 1 張，
爾後股價足足漲了 1 年。

　　後來日友的股價也曾數次出現大波動，包括 2018 年 4
月波段最大跌幅 37%（273 元跌到 171.5 元）、2019
年 1 月波段最大跌幅將近 26%（267.5 元跌到 198.5
元）、2020 年 3 月波段最大跌幅近 34%（277 元跌到
183 元）。不過，短期的股價下跌不是我賣股票的理由，
我只在乎基本面。我持續關注日友未來的動向，也清楚這
家公司未來的價值，這也是為什麼每當日友大跌時，就成
為我逢低加碼的時刻。

　　敢在日友大跌時繼續買進，就是因為我能看得懂它的產

業，知道它未來可以賺多少錢。這不用艱深的知識，只需要持續追蹤公司的資訊就可以了。任何股票都一樣，如果是一個在你的「能力圈」內、你能夠輕易看懂的產業，知道公司能繼續保有高市占率、能賺取持續性的收入，你也會像我一樣，把握大好機會進場。

現在網路發達，可以獲取的資訊太多。有時候，想得愈多，想得愈複雜，犯錯的可能性就愈高。好的投資策略不一定要很複雜，能賺錢的方法比你想像中更簡單。剛開始存股的人，一定要好好控制自己的情緒，看到股價下跌會害怕是很正常的。

我教你，當你害怕的時候，試著以「長期」為考量，不要理會雜音。存股是利用「時間」和「資金」創造「複利」，思維要以「數年」為單位，沒必要擔心下星期、下個月、下一季的事情。在多數的時間裡，最好「什麼事情也別做」。

再以統一超為例子，我們把 2005 年～ 2019 年每年的漲跌幅列出來（詳見表 2），可以看到每年的漲跌幅有高有低，甚至還有一整年呈現負報酬的年度。短期投資者看

到股價漲跌起伏不定，就會隨意出脫持股，還不一定有賺到錢。

　　而長期投資者則會著重於統一超的前景，會注意到統一超持續開設 7-Eleven 門市、持續有賺錢的分公司貢獻獲利（如博客來、星巴克等），財報上的獲利數字也顯示穩定成長，所以敢安心抱股。假設從 2005 年底持有統一超股票不賣，算進配股配息，累積報酬率高達 785%（詳見表 3），年化報酬率是 15.6%。

　　很多人羨慕我能在 50 歲前就累積到市值超過 4,800 萬元的股票，這都是我學會使用長期思維來投資的結果。如果一直學不會「看長不看短」，那麼即使在 10 幾年前，跟我用同樣股價買進相同存股標的，恐怕只賺了 10% 就賣掉股票；或者是持有幾個星期，覺得自己套牢就決定賣掉，改買其他短期「好像」更會漲、更會飆的熱門股⋯⋯一直重複這樣的循環，到頭來還是沒辦法讓資產有效累積。

　　剛開始我的存股目標很簡單，只要讓我有能力養育小孩、繳完房貸，不用為了工作奔波、可以早點退休就好。所以，

表2 統一超股價雖有起伏，長期仍是上漲趨勢
統一超（2912）股價年度漲跌幅

年度	收盤價（元）	年度漲跌幅（%）
2005	68.8	34.9
2006	78.7	14.4
2007	85.2	8.3
2008	78.4	-8.0
2009	76.1	-2.9
2010	134.5	76.7
2011	165.0	22.7
2012	155.5	-5.8
2013	206.5	32.8
2014	244.5	18.4
2015	205.5	-16.0
2016	231.0	12.4
2017	284.0	22.9
2018	311.0	9.5
2019	304.0	-2.3

註：年度漲跌幅為當年收盤價相較於上一年度收盤價的漲跌幅度，表中未列進 2004 年底股價 51 元
資料來源：XQ 全球贏家

我雖然喜歡成長股，但我也一直持有部分成長性普通但穩健經營、可以讓我特別安心的股票，也因此我的整體報酬率很難有 1 年 50%、100% 的成績。我不貪心，只要整體報酬率能夠有平均每年 12% 就足夠了。

表3 投資1張統一超，15年累積報酬率785%

統一超（2912）股票股利

年度	每股現金股利（元）	每股股票股利（元）	當年累積股數（股）	當年共領取現金股利（元）
2005	3.00	—	1,000	3,000
2006	3.40	—	1,000	3,400
2007	3.50	—	1,000	3,500
2008	3.20	—	1,000	3,200
2009	2.04	1.36	1,136	2,040
2010	3.60	—	1,136	4,090
2011	4.90	—	1,136	5,566
2012	4.80	—	1,136	5,453
2013	4.85	—	1,136	5,510
2014	6.00	—	1,136	6,816
2015	7.00	—	1,136	7,952
2016	7.20	—	1,136	8,179
2017	8.00	—	1,136	9,088
2018	25.00	—	1,136	28,400
2019	8.80	—	1,136	9,997

持有統一超（2912）15年報酬試算

2004年底投入成本（A）	51,000元（股價51元×1,000股）
2019年底股票市值（B）	345,344元（股價304元×1,136股）
15年領取總股息（C）	106,191元
15年總獲利（D＝B＋C−A）	400,535元（345,344元＋106,191元−51,000元）
15年總報酬率（D／A）	785%（400,535元/51,000元）

註：年度為股利配發年度，暫不計相關稅費
資料來源：公開資訊觀測站、台灣證交所

現在我已經完成剛開始存股時設定的目標，而累積的資產和每年能領到的被動收入都遠超過我的想像。如果你的目標也跟我差不多，首先要放棄去做短期內登峰造極的春秋大夢，簡單的方法重複做，簡單的股票重複存，踏踏實實存股。過去是流浪教師的我都能做到了，薪水跟我差不多、甚至收入比我更高的上班族，也一定能夠做得到。

1-5　借貸投資套利 須考量還款能力和心理壓力

剛開始存股領股息，資產累積得很慢，現金股利領得也不多。難免有人比較心急，想要一次快速累積股票張數，於是動念向銀行借貸來買股票——只要挑好公司的股票，殖利率明顯高於貸款年利率，不就是穩賺不賠嗎？

乍聽之下好像沒有錯，不過「貸款投資」實際上沒有想像得這麼簡單，因為真正的問題並不在於是否具備選股能力，以及股票殖利率與貸款年利率的利差，而是許多人根本沒認真考慮的「持續還款能力」，以及在還款過程中需要承擔的心理壓力。

在這裡我要介紹一位讀者的真實故事，他在 2017 年底向我分享了他的親身經歷，也同意我擷取他的故事，但希望能匿名。所以，我也不便透露他的背景，以下就簡稱他為 K 先生。

　　K 先生在 2015 年迷上了當時很紅的南非幣計價配息基金，年配息率號稱有 10%，而他申請的信用貸款，連 6 個月的年利率 1.5%，之後是 3.2%，最長可以借 7 年。他想，買了放著 1 年就可以平白賺約 7%，為什麼不要？

忽略貸款要分期攤還，還款壓力成沉重負擔

　　於是他就在 2015 年借了一筆 300 萬元的信用貸款，單筆買進這檔基金。接下來，他才逐漸發現，實際狀況根本超出他的想像。

　　向銀行貸款，是需要每月繳還本金與利息的。根據上述條件試算，他每個月得繳將近 4 萬元給銀行，加上原本的家庭基本開銷，合計每月要支出超過 10 萬元。他說，「給爸媽的養老金是感謝；給太太的零用錢是愛與珍惜；還房貸是有個家的概念，至少有實體房子留下來;繳水電、學貸、手機費，少少的還好；車子燃料 、牌照稅也只是一時。壓力最大的錢：就是『還信貸』。」

　　而接下來的發展，將他推向更痛苦的深淵。

配息愈來愈少，進退兩難

用 300 萬元買基金，1 年配 10% 就是 30 萬元，而 K 先生 1 年要攤還給銀行的錢將近 50 萬元；1 年只要多付大約 20 萬元，感覺好像沒什麼大不了？偏偏就在 2015 年下半年，南非幣兌新台幣大幅貶值，換算成新台幣，實際領到的配息就愈來愈少。

基金配息變少，明顯是當初忽略了匯率波動風險。怎麼辦？如果續抱，會害怕南非幣繼續貶值，讓配息金額愈領愈少；如果贖回改買其他基金，就得再付一次 1%～ 2% 的申購手續費，又被銀行多剝一層皮，進退兩難。

不甘心套牢而借新債還舊債，愈陷愈深

就這樣 1 年過去了，領到的配息愈來愈少，基金帳上報酬率更呈現虧損。K 先生愈想愈不甘心，於是又向第 2 家銀行申請信用貸款，用來償還向第 1 家銀行借的 300 萬元。他還因為想再賭一把，把貸款金額增加到 368 萬元。這次的貸款方案是固定利率 2.8%，每月要償還的本息高達 4 萬 8,000 元。明知道繳款壓力更沉重，卻不自覺地愈陷愈深。

　　這種日子又再過了 1 年，K 先生告訴我，在看過我的書後，他開始嘗試存股，過程中了解到「投資公司的價值，才是最正確務實的方法」。因此，他痛下決心，將所有信貸結清，徹底脫離貸款投資這場噩夢。

想貸款存股，先思考3個問題

　　你可能會認為，K 先生買的是外幣基金，有匯率波動的問題，那麼是不是改成存股就沒事了？畢竟好股票愈漲愈高，愈早買愈划算不是嗎？每月繳的本息就當作是在強迫存錢買股票，有什麼不好？從 K 先生分享的故事，我想給存股族幾個思考方向：

1.存股殖利率頂多4%～6%，沒比信貸利率高出多少

　　從證交所的資料可以查到，台灣整體上市公司長期以來的現金殖利率平均大約 4%。如果是剛開始存股，也可以發現許多股票的現金殖利率也都大約在 4% ～ 6% 左右。

　　而個人信貸年利率若能像 K 先生借到 3% 左右，就已經算是很低的水準；若要從房貸增貸，或用保單借款，年利

率雖然可以壓得更低，但是仔細比較之下，存股殖利率其實也沒有高出多少。

況且，如果突然遇到景氣衰退，就算你不在意股價下跌，但是看到公司配發的股利變少，恐怕會讓你信心動搖。接下來，很可能就會像 K 先生一樣繼續增貸，讓債務擴大，愈陷愈深。

2.繳錢買股票vs.繳錢還貸款，壓力大不同

貸款買股票要每月攤還本息給銀行，你可能會認為，如果要繳的金額是自己能夠負擔的，等於是定期定額買股票，不就等於強迫自己存股嗎？

貸款的首要考量，就是必須確保自己每個月都能還得出錢。但你有沒有想過，如果收入突然減少怎麼辦？為了度過難關，大家肯定會想辦法增加收入，同時試圖縮減支出。其中，房貸、房租、餐飲費等基本生活支出不能省，首要之務就是減少非必需的支出，或是暫停投資。

單純的存股族，頂多就是暫停買股票；但是貸款買股的

人呢？還是得繼續湊錢繳貸款給銀行，兩者的壓力明顯有很大的不同。

如果只是擔心自己平時缺乏存股毅力，或是會忘記下單，其實只要利用券商的定期定額功能買股就可以了。現在很多券商都有推出定期定額功能，大家可以自行比較。只要每月固定準備好要投資的金額，讓券商系統自動幫你下單，一樣可以達到強迫存股的功能。真的遇到資金壓力，也比較有調整的彈性，心情更輕鬆（詳見表1）。

3. 一次買進後卻套牢，恐因害怕而放棄存股計畫

會想一次壓進大筆資金買股，多半是期待買進後股價愈漲愈高。買到好的股票，長期來看，股價確實是走上揚的趨勢。但是這不代表股價每一個交易日都只漲不跌，而是上漲、下跌交替出現，然後隨著時間的推進，股價漸漸地往上墊高。

好公司也不代表不會遇到利空，也有可能在發生大環境的系統性風險時（例如 2015 年 8 月、2018 年 10 月的股災、2020 年 2 ～ 4 月新冠肺炎疫情衝擊股市等），股

價出現大幅度下跌。

　　這時候，如果你是屬於不怕股價下跌的存股者，肯定不會認為股票愈早買愈划算了，反而會想，「早知道不要一次投入資金買股，要是能有一筆錢逢低加碼、買進更多股數該有多好？」

　　相反地，如果是意志不堅定的投資朋友，每天看盤時見到下跌 0.5%、1%，或是剛買進後看到帳上出現負報酬都會心情不好了，更何況是看到股價大幅下跌、股票套牢，一定感到萬分恐懼。

　　舉例來說，假如貸款 100 萬元，一口氣買進股票後，就發生了股災，股價短時間跌掉 15%、20%，帳上就是 15萬、20 萬元的虧損。再假設你的持股，現金殖利率 5%，1 年只能領 5 萬元，只會覺得自己賺了股利賠了價差。有些人甚至會在這時候把股票全部賣掉，直接實現虧損。價差、股利兩頭空，完全打亂原有的存股計畫。

　　貸款買股套利這件事，或許有人真能執行成功，但我們

表1　定期定額買股比貸款買股更具彈性

定期定額買股vs.貸款買股

方式	定期定額買股	貸款後單筆買股
付款方式	向券商約定扣款金額上限與標的，每月於約定日期下單買進股票	按銀行核定利率，一次貸出一大筆金額，其後每月本息攤還給銀行
買股方式	每月買進	一次性單筆買進股票
優點	1.假設股價有明顯波動，或是期間遇到股災，有部分資金可買在較低的股價，達到分散成本的效果 2.若投資期間遇到收入減少，可減少扣款金額或暫停扣款，有助於舒緩支出壓力	若單筆買進時機正好是在股價低點，且買進後股價一直上漲，將有可觀的價差獲利
缺點	若開始下單後股價一直持續上漲，持有股價成本愈來愈高	1.假設股價有明顯波動，或期間遇到股災，恐無多餘資金在低點加碼 2.若投資期間遇到收入減少，仍必須持續還款給銀行，需承受較高壓力

必須承認，那只是少數人，而大多數人都只是平凡人。大家都知道我過去是收入不穩定的流浪教師，所以根本不會想在收入不穩、有房貸、要養家的壓力下，還要再多承擔其他的還款壓力。有多的錢就多買一些，錢不多就少買一

些，我喜歡存股這麼輕鬆簡單。

在本篇文章結尾，我想代替 K 先生將這段話送給大家，「看好什麼標的，想要一次買到滿、借錢買、貸款買、融資買，這就是賭博。世界上不會有不勞而獲的事。」

第2章 | 拒絕短視近利
存到績優股

2-1 用6條件、3問題 篩選值得存的好公司

許多剛認識我的新朋友，還是常常問我某某股票好不好？能不能買？可不可以存股？其實只要複習我在選股時最重要的 6 個條件，你大概就能靠自己找到答案。

用6條件評估存股可行性

1. 產品或服務具壟斷或寡占特性（最好在該產業市占率排行前 2 名）。
2. 產品或服務簡單易懂，具有持久性。
3. 自由定價能力高、受景氣影響小、具重複消費特性。
4. 歷年獲利和配息穩定，維持成長最好，不大起大落。
5. 高毛利率、股東權益報酬率（ROE）最好大於 15%。
6. 非流動負債（向銀行借貸）占稅後淨利比值小於 2。

我喜歡擁有護城河優勢、市占率高的民生消費品公司，

最好是每天重複消費，當然也要自己有「fu」（編按：
feel，有感覺的意思）的公司才行。例如，以下 3 家公司都
是我很喜歡，也具有重複消費特性的民生消費品公司：

　1. 德麥（1264）：國內最大烘焙原料供應商，覆蓋率
達 90%。

　2. 中華食（4205）：國內最大盒裝豆腐製造商，市占
率超過 50%。

　3. 大統益（1232）：國內最大黃豆油、豆粉製造商，
食用油市占率約 50%。

　用上述 6 個條件來檢視這 3 家公司，它們都擁有高市占
率、自由定價能力高、護城河強大。它們的產品也符合產
品或服務簡單易懂（麵包原料、豆腐、沙拉油）、受景氣
影響小（不論景氣好壞都會有人消費）、具有重複消費特
性（消費者使用完就會再購買）等條件。

　再查看它們的歷年獲利表現，也都相當穩定，近 5 年
ROE 都高於 15%。毛利率的部分，除了大統益因為是大豆
加工產業而使毛利率較低（原料成本約占 9 成）之外，德

麥與中華食的毛利率都在 30% 以上。而這 3 家公司的非流動負債占稅後淨利的比值也都低於 2。

我選擇存股標的時已經很謹慎，所以都是持續買進持有，一直「累積股數」。大跌大買，小跌小買，沒錢時就等有錢再買。除非公司有問題，車子故障才會賣股票。

如果想要學習我的選股方法，把這 6 個條件全都比對一遍，相信就有明確的答案了。例如，當你注意到一檔股票，可是發現它處在競爭激烈的環境中，根本不符合「產品或服務具壟斷或寡占特性」，就要優先剔除。

或者是說，有一檔股票的毛利率不錯、ROE 也都大於 15%，可是它其實並不符合「受景氣影響小」這個條件，也就是經濟前景會高度影響公司的獲利，那麼我也不會選它來存股。因為這種公司的獲利一定時好時壞，忽高忽低。

用3問題思考公司的前景

接下來還可以透過以下 3 個問題，學習股神華倫 · 巴菲

特（Warren Buffett）思考一家公司的前景是否明朗。通過
這3個問題的篩選，相信就可以快速分辨這家公司值不值
得投資了：

問題1》公司生產的是單純又不會一直變動的商品？

巴菲特喜歡挑選變動緩慢的單純事業，他視「變動」為
投資的敵人（不管是頻繁變動投資組合或是頻繁變動新業
務的公司）。資本市場相當殘酷，如果不希望賠錢，所尋
找的公司，最好是大家都會長期需要的平凡商品。

問題2》公司的產業地位是否是競爭者不易挑戰的？

公司在產業當中的市占率已經位居第1，或是占據寡占
地位，如果想在這樣的產業占有一席之地，競爭者必須砸
很多錢，而且還不一定能成功。這種狀況會讓潛在競爭者
卻步，乾脆放棄競爭。例如大統益所處的黃豆煉製產業，
是屬於資本密集產業。競爭者若要進入這個市場，必須花
大筆錢建設煉製設備，還要想辦法開拓通路，想與大統益
一較高下實屬不易。因此這個產業不易有新競爭者加入，
強者就會恆強，這也是為什麼巴菲特喜歡擁有強大護城河
公司的原因。

問題3》你能輕易預測公司在5年、10年後的樣貌嗎？

　　高科技產業十分迷人，能夠讓人類生活更便利，但我們通常很難預測它們在 5 年、10 年後的樣貌。科技產業變動劇烈，昔日的股王，有很大的可能性會變成明日的雞蛋水餃股或破產下市，自然也很難幫股東創造長期高報酬。而當我們所選擇的公司，我們能輕易預測它未來 5 年、10 年後的樣貌，這筆投資顯然就有較高的勝算，同時我們也承受更低的風險。

　　當你想買一檔股票的時候，先問問自己可不可以回答上面的問題，相信你就能安心持有。而當股災降臨，感到有點害怕時，也可以再回頭檢視這 3 個問題，你就會發現，有些公司還真的不會因為景氣一時衰退而輕易受到衝擊。你不僅不會再害怕，還會趁著股價變低而加碼買進。

投資可選簡單的公司、走輕鬆的路

　　能通過上述 6 條件、3 問題的產業與公司似乎並不多，那麼，不就沒有太多公司可以投資了嗎？別忘了，和巴菲特一起經營波克夏公司（Berkshire Hathaway）的合夥人

查理・蒙格（Charlie Munger）曾說過：「人的一生當中只要能買到 3 檔好股票就足以致富。」

我也的確要承認，我沒有能力選太多股票長期存股，因為我無法預測很多公司 5 年後、10 年後的狀況，例如訂單還在不在？有沒有更多的競爭對手？公司的產品會不會被時代淘汰？

巴菲特告誡我們，盡可能走輕鬆的路，不要逞強。巴菲特和蒙格的投資生涯超過 40 年，他們認為最好的投資方法是去避開那些經營複雜事業的企業，集中精力找到那些跨得過去的「一呎低欄公司」。

所以我總是不斷強調要大家分辨公司的經濟護城河，如果這種公司還有傑出的 CEO，那就是如虎添翼了。

相對地，當你看到許多熱門股，你真的知道公司有護城河嗎？你真的搞得清楚公司的產品有沒有競爭力嗎？真的了解公司的競爭對手在哪裡嗎？如果答案是否定的，當然就沒有理由出手投資了。

當然，沒有十全十美的公司，任何公司都會面臨難題。以台灣醫療廢棄物處理公司龍頭日友（8341）為例，它已經是具高度護城河的公司了（所以市場給予的本益比相當高），公司很賺錢，不管在台灣和中國都擁有特許權優勢。

不過，以中國市場來看，日友在中國雖然不易有競爭對手，但是設廠進度卻不如預期順利。我在 2019 年參加日友法說會時問到這個問題，公司表示母公司潤泰集團與中國政府關係良好，設廠基本上能獲得中國政府支持。不過，當中國政府對土地徵收和規畫有衝突的時候，還是得照規定執行，所以日友在中國的設廠一再延宕。

像是 2019 年，江蘇宿遷掩埋場的地點一直不確定，2020 年所選定的地點才終於通過環評。河北廊坊廠因為與當地的「河北雄安新區」開發計畫牴觸，經過數次變更土地，終於在 2020 年確定地點。江蘇江陰廠則遲遲未確定地點，要完工投產，恐怕也不是 1、2 年內可以輕易完成的事。

而為了避免單一公司發生的風險，我盡量不會單壓 1 檔

股票，但我也不會真的像蒙格所説只用 3 檔股票致富。為了保險起見，我會在能力範圍內，選擇幾檔股票做好投資組合，並盡可能在歷史本益比之下再買進。關於投資組合的建立，本書 3-1 將會進一步説明。

2-2 投資能力圈內股票 別怕錯過飆股

華倫‧巴菲特（Warren Buffett）只投資自己有能力了解的企業，也就是所謂的「能力圈」，所以我也只在自己的能力圈內投資。只要我夠了解這家公司，能夠分辨它具備投資價值，我就會買進；就算買進之後套牢了，只要投資價值持續存在，我就會繼續投資。

就像是巴菲特早期買進華盛頓郵報股票之後，股價腰斬，但 12 年後，巴菲特還是賺了 20 倍。要知道，股價是市場所有投資人決定出來的價錢，但不見得是正確的，如果低於公司長期價值，那就用力買進累積股數。

投資符合6條件、3問題公司，不怕股票套牢

再以我自己為例子，我在 2019 年 8 月以 228.5 元買進柏文（8462），買進之後就套牢了，當年底股價跌到

200.5 元，2020 年初又遇到新冠肺炎疫情，最低還跌到
101.5 元，跟我第 1 次買進的股價相比，已經不只是腰斬
了。那該怎麼辦？停損嗎？當然不是，我依然慢慢買進，
增加持股，因為我很努力研究這家公司，因為我看得懂這
家公司在做什麼事。

　柏文主要經營連鎖健身中心「健身工廠」，一開始從高
雄起家，逐漸向北部擴大展店。健身中心對我來說是個簡
單易懂的產業，柏文這家公司也通過我的 6 大選股條件。
在我研究台灣的健身產業和柏文的優勢後，我可以預期未
來台灣健身人口的滲透率可望提高，健身工廠有計畫地開
設更多廠館，讓我對它未來 5 年、10 年的發展有信心。對
我來說，柏文就是在我能力圈內的股票。

　因此當有一位讀者問我，他投資了做冷氣壓縮機的公司
瑞智（4532），套牢了，該怎麼辦？如果要我用選股 6
條件分析一下瑞智這檔股票，我的簡單觀察如下：

1.產品或服務具壟斷或寡占特性？

　瑞智是壓縮機製造大廠，為聲寶（1604）集團子公司，

全球市占率 10% 左右。雖然瑞智生產的壓縮機在台灣市占率第 1，不過以 2019 年度資料來看，台灣市場銷售額只占瑞智營收的 2.98%。而將近 60% 比重、占瑞智營收首位的中國市場，瑞智的市占率卻只有 3%。

2.產品或服務簡單易懂，具有持久性？

壓縮機屬於機械設備，有其生命週期，我很難判斷其持久性，對我來說也並非簡單易懂的產品。

3.自由定價能力高、受景氣影響小、具重複消費特性？

2019 年受中美貿易戰影響，壓縮機產業出現供過於求的狀況，且產業競爭激烈，可以推測瑞智的自由定價能力應該不會太高。而壓縮機為冷氣機的核心，一般冷氣、暖氣的耐用年限通常是 5 年，不過只要沒故障，應該也不太有人會特地更換，所以我認為壓縮機並不具備良好的重複消費特性。

4.歷年獲利和配息穩定，維持成長最好，不大起大落？

瑞智的歷年獲利起伏大（詳見圖 1），顯然並不穩定，也看不出明確的成長趨勢。尤其是 2019 年獲利衰退幅度

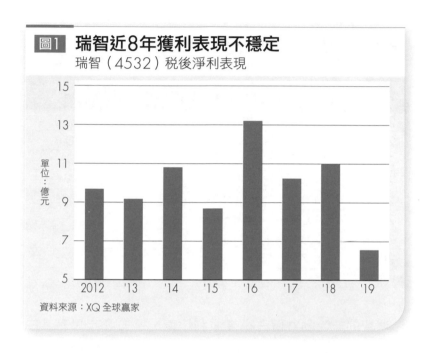

圖1 **瑞智近8年獲利表現不穩定**

瑞智（4532）稅後淨利表現

單位：億元

資料來源：XQ 全球贏家

很大，主因是受到 2019 年中美貿易戰的影響。

5.高毛利率、股東權益報酬率（ROE）最好大於15%？

　　瑞智過去 8 年的毛利率多在 15% ～ 20% 之間，2019 年降至 13.61%；ROE 則在 15% 以下（詳見表 1）。

6.非流動負債（向銀行借貸）占稅後淨利比值小於2？

表1 瑞智近8年ROE多在15%以下

瑞智（4532）ROE、營業毛利率及股利表現

年度	股東權益報酬率 （％）	營業毛利率 （％）	現金股利 （元）	股票股利 （元）
2012	14.60	16.96	1.50	0.3
2013	12.58	16.49	1.50	0.3
2014	12.57	17.40	2.00	—
2015	9.08	17.08	1.60	—
2016	14.35	20.79	2.28	—
2017	11.02	15.12	1.75	—
2018	12.04	15.82	1.20	—
2019	6.75	13.61	0.50	—

資料來源：XQ 全球贏家

　　瑞智的非流動負債占稅後淨利比值，過去 8 年只有其中 2 年符合條件，其他 6 年都是不符合條件的（詳見表 2）。

　　簡單分析後，可以知道瑞智並不符合 6 個選股條件。再來，用 3 個問題思考公司前景：「公司生產的是單純又不會一直變動的平凡商品？」「公司的產業地位是否是競爭者不易挑戰的？」「你能輕易預測公司在 5 年、10 年後的樣貌嗎？」我的答案也是否定的，所以我也不會選擇這家公司來存股。

表2 **瑞智非流動負債占稅後淨利比值多大於2**

瑞智（4532）非流動負債及稅後淨利

年度	非流動負債 （億元）	稅後淨利 （億元）	比值
2012	19.71	9.72	2.03
2013	18.94	9.16	2.07
2014	19.07	10.79	1.77
2015	21.12	8.69	2.43
2016	18.54	13.24	1.40
2017	27.31	10.21	2.67
2018	40.11	11.01	3.64
2019	62.53	6.56	9.53

資料來源：XQ 全球贏家

投資平凡的股票，不會賺得比較少

　　如果你也常投資不了解的公司，一定常常有「套牢了該怎麼辦」這種疑問，也代表你的心態是「交易」，而非「投資」。抱持著交易心態，總是會把股價當成唯一的買賣理由，但是抱持投資心態，就會根據是否具備投資價值來決定買賣，絕對不會不知所措。

　　我建議大家一定要待在能力圈之內，如果你不夠了解所

投資的公司，超出了你的能力圈，當然永遠不會知道到底該買還是該賣？一套牢就患得患失，剛上漲就急著賣掉。只要公司超出我的能力圈，我絕對不會買進；或是當我發現，我已經沒辦法預測它接下來的營運發展，我就會毅然選擇出場。

新聞上常出現某些公司有沒有接到訂單的新聞，像紡織、水泥、鋼鐵、電子、蘋概股等，這類型公司不在我的能力圈內，我就一律不會存股。因為訂單能見度只有大老闆知道，我怎麼知道公司有沒有訂單？我又看不到。公司訂單被抽走或轉單，我怎麼會知道呢？但是當大家都買大漢豆腐而不吃中華豆腐的時候，我就看得到。如果真的有那一天，我就會賣出中華食（4205）。

難道這樣不會錯過很多成長股、甚至飆股嗎？會不會錯過可在短短幾個月賺 100% 的機會？那我就要反問了，如果你真的買到飆股了，難道你真的有辦法從頭抱到尾嗎？

認識我很久的朋友想必都相當清楚，我懂的股票不多，能力圈也非常小，但是我確定我的能力圈在哪裡，所以我

不會做超出能力的事情！我自認沒有那麼高明，沒有把台積電（2330）從 50 元抱到 300 元的本事，也無法在大立光（3008）只有 300 元時開始投資，然後在 6,000元歷史天價時把它賣掉。因為這些股票我就是真的不懂，不懂的股票我就堅持不買！我只要買進我懂的股票，讓我能夠持續賺錢，讓我能夠財富自由就夠了。

事實上，雖然我沒有台積電，沒有大立光，但是我所投資的股票，長期獲利也不差。就以日友（8341）、崑鼎（6803）、中華食、大統益（1232）為例，計算 2015年 1 月到 2020 年 6 月 10 日的績效，日友和中華食的總報酬比台積電還更高（詳見表 3），當然也勝過大盤的總報酬率 55%，可見平凡的股票不會賺得比較少喔！

另外，像是討論度很高的休閒食品大廠聯華食（1231）、燕麥製造商佳格（1227）、洗腎醫療耗材供應商邦特（4107）、洗腎儀器代理商杏昌（1788）、連鎖藥局通路大樹（6469）及杏一（4175）、連鎖生活用品通路寶雅（5904）、經營 momo 購物平台的富邦媒（8454）、清潔用品大廠花仙子（1730）、台灣最大系統廚具品牌櫻

表3 **日友、中華食5年總報酬率不輸台積電**
2015年～2020年6檔標的總報酬率試算

	中華食 （4205）	日 友 （8341）	大統益 （1232）	崑 鼎 （6803）	台積電 （2330）	大立光 （3008）
2015.01.05 股價（元）	37.8	50.0	70.1	162.0	139.5	2,350.0
2020.06.10 股價（元）	90.4	264.0	123.5	216.5	322.5	4,140.0
買入成本 （萬元）	3.78	5.00	7.01	16.20	13.95	235.00
股票市值 （萬元）	10.03	26.40	12.35	21.65	32.25	414.00
獲利（萬元）	6.25	21.40	5.34	5.45	18.30	179.00
總股息（萬元）	1.16	2.27	2.50	5.07	4.05	31.85
總報酬（萬元）	7.41	23.67	7.84	10.52	22.35	210.85
總報酬率（％）	196	473	112	65	160	90

註： 1. 本表假設2015.01.05各買入1張，持有至2020.06.10之總報酬（獲利＋總股息），且未計入相關稅費，金額以4捨5入至小數點後2位；
2. 除了中華食於2016度配股1.1元（2017年度發放），期末累積股數為1,110股，其餘期末股數皆為1,000股；
3. 台積電2019年度前3季配息已於2020.06.10前發放，亦一併計入其總股息。其餘股票配息尚未發放，故皆未計入
資料來源：台灣證券交易所、公開資訊觀測站

花（9911）……等，這些都算是我喜歡的股票類型，也算是比較簡單易懂的股票，但上述股票我目前並未持有（其中，我雖然沒有富邦媒，但是我有富邦媒的大股東台灣大（3045）股票）。有些是因為股價太高，有些是因為市占

率不夠，有些是因為我不太清楚它們的競爭者狀況。所以，
在沒有把握的狀況下，我還是不會持有它們的股票。

2-3 刻意避開冷門股 當心錯過賺錢機會

　　有些股票每天只成交幾十張或個位數，市場甚至把這些冷門股稱之為「殭屍股」。很多人不喜歡成交量這麼小的股票，也不喜歡股本太小的股票，但是我的持股當中，大部分都是這類低成交量、股本小、市場主流不太青睞的冷門標的。

　　以我長期持有的中華食（4205）、大統益（1232）來說，它們的成交量一直都很低，但是近10幾年來公司的獲利、所配發的股利都穩定成長，股價走勢也創下歷史新高，讓我的股票資產增值不少。而從2013年之後陸續買進的崑鼎（6803）、德麥（1264）……等股票，也都是1天交易量不到100張的冷門股，這幾年以來的獲利與股利同樣也很穩定，誰說成交量小的股票不能存呢？

　　事實上，大多數股民都喜歡市場上最多人談論、常常被

媒體報導的熱門股。因為熱門股成交量大、波動性高，從中頻繁交易賺取價差，總是讓人興奮不已。不過，因為我採取的是長期存股模式，所以早早就對這類熱門股喪失興趣。傳奇基金操盤人彼得・林區（Peter Lynch）就在著作《彼得林區選股戰略》（One Up on Wall Street）當中提到，他會避免投資的股票肯定是「熱門產業中的最熱門股票」。

熱門股交易量大，卻不見得能幫你賺錢

　　成交量大小跟公司是否賺錢、股價是否上漲，一點關係也沒有。記得我受邀到各地演講時，常常有投資人分享自己在 2018 年買到 700 元～ 800 元以上的被動元件股王國巨（2327）。國巨當時日成交量達數千張，甚至上萬張，光是 2018 年 7 月就有 27 萬 5,350 張成交量，比起 2017 年同期的 4 萬 2,325 張，大幅增加 5.5 倍。

　　然而，2018 年不僅是被動元件族群狂飆的一年，也是崩跌的一年，國巨股價從當年 7 月最高點 1,310 元暴跌到 11 月的 292 元，同產業的華新科（2492）、禾伸堂（3026）等股價走勢也如出一轍。

被動元件只是冰山一角，1999 年熱門的光碟片族群，如中環（2323）、錸德（2349），歷史高價分別為 213 元、355 元，10 多年後（2015 年～ 2016 年），最低跌到 2.38 元、2.2 元。

2006 年，太陽能類股茂迪（6244）、益通（已下櫃）更慘烈，歷史高點分別為 985 元、1,205 元，2018 年最低點竟跌到 5.91 元、2.35 元。其中，益通因為在 2019 年連續 6 個月營收掛零，按照櫃買中心業務規則的規定，必須停止買賣，2020 年 1 月已黯然下櫃。這又讓我想到彼得・林區所說的：「如果你想靠投資熱門產業中的熱門股票來過活的話，你很快就會淪落到靠救濟金過日子的地步了。」

如果 2007 年買到 60 元以上、成交量大的熱門股友達（2409），持有至今（截至 2020 年 6 月 10 日），投資人還是虧錢（詳見圖 1）；但如果同年買的是 10 幾元的冷門股中華食和 20 幾元的大統益，持有至今，股價分別為 90.4 元、123.5 元，包含股利在內，已經享有數倍報酬（詳見圖 2）。

圖1 長期來看，友達股價持續下跌

友達（2409）還原月線圖

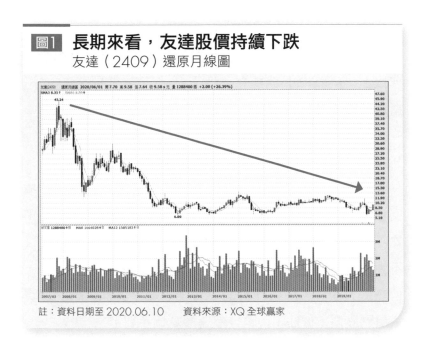

註：資料日期至 2020.06.10　　資料來源：XQ 全球贏家

好股票遇股災，自然有買方願意承接

不過，很多人還是會擔心，萬一遇到系統性大崩盤，冷門股會不會賣不掉？我們可以從 2 個角度來看：

角度1》公司基本面沒改變，就不需要賣股票

如果公司的基本面和競爭力沒有下滑，獲利沒有衰退，

為什麼要賣？股神華倫·巴菲特（Warren Buffett）可以持有好股票達數十年之久，我手中的多數好股票也都持有 5 年以上；僅僅是「長期持有好股票」，就讓我享有財富自由，所以好股票遇到股災下跌，反而要買進，而不是賣出。

角度2》好公司股價變便宜，內行人會出手買股票

大盤下跌好幾百點時，你會發現這些好股票儘管平時成交量低，但股價跌幅並不會比大盤大，也不會有跌停鎖死、賣不出去的狀況；有時候，甚至還會逆勢收紅，不太會賣不掉。這是因為公司基本面佳，成交量低，代表買的人少，但賣的人也少。如果你真的要賣，市場上其他內行的投資人看到股價被低估了，也自然會願意出手買進。

看看 2018 年底爆發財務危機的面板廠華映（已下市），過去日成交量動輒數萬張，當公司發生問題時，還不是每天跌停鎖死？這才是真的賣不掉。由於華映淨值轉負值，也已在 2019 年 5 月下市。

成交量大的股票，雖然買的人多，但賣的人也多，所以存股重點不是個別股票的成交量大小，而是基本面的好壞。

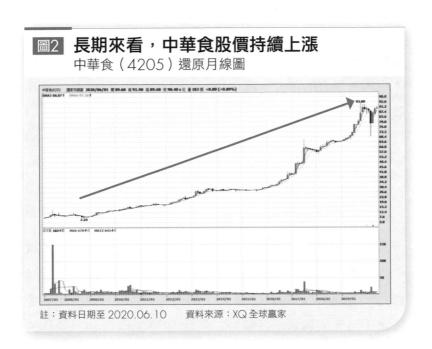

圖2　長期來看，中華食股價持續上漲
中華食（4205）還原月線圖

註：資料日期至 2020.06.10　　資料來源：XQ 全球贏家

況且這些冷門績優股，籌碼多集中在大股東、內部人手中。由於公司基本面好、前景佳，大股東不會輕易釋出籌碼，也是成交量小的原因。

股票是否「安全」，取決於護城河而非股本大小

再來談談「股本小」這件事。有讀者告訴我，他對我持

有的股票也很有興趣，但是他「聽說股本超過 10 億元的
公司比較安全」，而我大部分持股都是「股本很小」。股
本小的股票真的不安全嗎？

　股本指的是公司的資本額，也就是「股票面額 × 發行股
數」。公司的股本是多少，在各種股市資訊網站或證券公
司網站都能查得到（詳見圖 3）。

　我們直接把幾檔股票列出來比較就知道了。表 1 以 7 檔
「大股本」的公司為例，像是正新（2105）的股本 324
億元、友達的股本 962 億元、中鋼（2002）的股本甚至
超過千億元。可是，仔細看它們從 2012 年到 2019 年的
獲利表現，都相當不穩定。如果你選這些股票存股 10 年，
絕對讓你感受不到「複利」，投資這種大股本的公司，但
是缺乏護城河、獲利不穩定，絕對沒有比較安全。

　再來看看表 2，以 7 檔「小股本」的公司為例。最具代
表性的就是台灣的股王大立光（3008），它的股本只有
13 億 4,100 萬元，不過 2012 年到 2019 年獲利卻呈現
明確的成長趨勢。另外 6 檔則都是我持有的股票，包括德

圖3 證券公司網站可查詢股票的股本資訊
以元富證券網站為例

資料來源：元富證券網站

麥、鮮活果汁-KY（1256）、大地-KY（8437）、中華食、崑鼎、日友（8341）等。除了日友股本超過10億元，其他的股本都在10億元以下，它們也都是獲利長期成長的公司。因此長抱這些股票，讓我的資產穩定向上成長，又怎麼會不安全呢？用股本來區別安全與否不太實際，選股還是得回歸到「擁有護城河」才比較安全。

表1 **友達股本近千億元，獲利卻長年不穩定**

項目	茂迪（6244）	晶電（2448）	正新（2105）
股本（億元）	54	108	324
稅後淨利（億元） 2012年	-50.25	-11.93	159.28
2013年	2.52	0.38	185.49
2014年	-10.56	18.10	160.16
2015年	-6.38	-30.19	127.77
2016年	-9.06	-35.46	132.51
2017年	-30.31	16.50	55.42
2018年	-67.95	-4.56	35.20
2019年	-13.18	-37.54	34.67

表2 **具有護城河的小股本公司，獲利照樣成長**

項目	德麥（1264）	鮮活果汁-KY（1256）	大地-KY（843）
股本（億元）	3.37	3.38	4.79
稅後淨利（億元） 2012年	2.36	0.93	1.64
2013年	2.81	2.16	1.74
2014年	3.20	2.43	2.07
2015年	3.99	2.11	2.51
2016年	4.46	2.27	3.36
2017年	4.52	2.87	4.27
2018年	4.47	4.42	5.25
2019年	4.73	5.48	7.11

註：資料日期為 2020.06.10　　資料來源：XQ 全球贏家

低市值公司不受法人青睞，成為散戶賺錢機會

很多冷門的績優股不受外資青睞，是因為外資資金部位

7家大股本公司的稅後淨利

華邦電 (2344)	華航 (2610)	友達 (2409)	中鋼 (2002)
398	542	962	1,573
-18.63	-4.18	-547.48	58.95
2.07	-12.74	41.80	159.82
30.76	-7.49	176.28	221.32
32.91	57.64	49.32	76.05
28.98	5.72	78.19	160.38
55.51	22.08	323.59	169.06
74.47	17.90	101.61	244.54
12.56	-12.00	-191.85	88.10

7家小股本公司的稅後淨利

崑鼎 (6803)	中華食 (4205)	日友 (8341)	大立光 (3008)
6.71	8.07	11.15	13.41
6.55	1.62	0.89	55.82
6.20	1.35	2.66	96.10
6.79	1.38	3.04	194.38
7.10	1.82	5.14	241.57
8.48	2.25	6.14	227.33
7.61	2.65	7.84	259.76
8.07	2.46	8.23	243.70
8.11	2.85	9.93	282.63

大，會擔心流動性的問題，而且大量買賣股本小、成交量低的個股，會造成股價劇烈波動。所以可以發現，這類冷門股的外資持股通常都不會太高，他們比較喜歡的股票是

流動性佳、市值不要太小的股票。

　　而什麼是「市值」呢？簡單說，就是當你要買下這家公司所有股票時，所需要花的錢。市值資訊同樣也可以從股市資訊網站直接查詢得到，計算方法很簡單：「發行股數×股價」，因此市值數字是會每天變動的。例如中華食的股本 8 億 700 萬元，除以面額 10 元，發行股數就是 8,070 萬股。2020 年 6 月 10 日中華食收盤價為 90.4 元，那麼這天中華食的市值即為 72 億 9,528 萬元（8,070 萬股×90.4 元）。

　　再以日友為例，日友 2015 年～ 2019 年的股本都是 11 億 1,500 萬元，發行股數是 1 億 1,150 萬股。日友股票在 2015 年 3 月 24 日由興櫃轉上市，掛牌價 45 元，股票市值則約 50 億元。當時外資還不太認識這檔股票，所以持股不多，直到 2015 年底，外資的持股都在 6,000 張以下，持股比重不到 6%。

　　隨著日友愈來愈被認同，市值愈來愈龐大，外資的持股比重也愈來愈高。根據 2020 年 6 月 10 日的資料，日友

的市值為 294 億元，外資持有 2 萬 9,839 張，持股比重
已高達 26.76%。

　　當好公司市值愈來愈高、投資價值被法人注意到的時候，
股價通常就不便宜了。而當外資不特別青睞這些個股的時
候，股價通常不會被高估。對散戶來說，從冷門股當中反
而容易找到寶藏，因為我們就可以用比較便宜的價錢買進，
這也是我們散戶必須把握的機會。

2-4 股價長期穩穩向上公司 勝過短期飆漲股

很多朋友天天緊盯著股價，常常有個疑問，為什麼明明是好公司，股價卻沒有什麼動？這種股票真的可以買嗎？

如果每天看的股價，只是跟昨天的股價相比，那麼只要看到平盤價（當下股價與昨日收盤價相同），或是只比平盤價高 1 檔或低 1 檔，就會覺得它沒有什麼變動。

這些股票不只是幾年、幾個月、幾週股價不太動，甚至長達 2、3 年，都是在差不多的價位附近游走。不過，只要攤開它們的長期股價走勢（例如 8 年以上），都可以看到它們的長期股價還是緩緩走揚的。

由短線交易者、法人持有標的，股價易大幅波動

像是我持股當中的中華電（2412）、台灣大（3045）、

遠傳（4904）、中保科（9917）、中華食（4205）、大統益（1232）、崑鼎（6803）等，都是在短時間內沒有什麼波動的股票，但它們卻都是公認的好股票。

中華電、台灣大、遠傳被稱為電信三雄，寡占台灣電信產業；中保科是台灣保全產業龍頭；中華食是台灣盒裝豆腐龍頭；大統益是亞洲最大的黃豆煉製廠；崑鼎是台灣廢棄物焚化處理龍頭。這些獲利穩健、前景光明的好公司，我自己就投資很多年了，而且多年來我已經靠它們領到超過幾百萬元的股息。身為這些公司的長期股東，我很清楚在選股時，不能依靠股價的短期漲跌當作選股理由。

而為什麼這些好股票平常都沒有什麼波動？有些股票則是上沖下洗？別忘了，股價反映的不只是公司基本面，還有買賣雙方的期待。基本面不可能一天數變，所以我們所看到的股價，大多是反映買賣雙方的行為。當供過於求，賣方會降價求售，導致股價下跌；反過來，如果供不應求，買方就會積極提高價錢，使股價上漲。

當一檔股票大部分都被短線交易者持有，大家看中的就

不是這家公司的價值，而只是追逐消息面和股價變化來決定買或賣。例如，看到利多新聞，或股票上漲了，就認為明天也會漲而急忙買進，然後等明天用更高的價格賣給別人。買賣雙方的心態都不穩定，自然容易造成股價的大幅波動。

另外，如果一檔股票有大部分是被外資、投信、自營商3大法人大量持有，股價也常常會有劇烈的變化。因為3大法人很重視短期或波段的投資績效，尤其投信和自營商所偏愛的中小型股，股價最高點常常是被它們買上去的，最低點也是它們賣出來的。

所以，我們總是可以看到「外資回補行情」「投信作帳行情」「低檔吃貨」「高檔出貨」這種新聞報導。一般散戶投資人，如果總愛這樣隨波逐流，一不小心就會買在最高點、賣在最低點。

相反地，如果股票大部分都被董監事、大股東、長期投資者持有，想買進的人是看中公司投資價值，那麼就不太會輕易賣出股票。由於買賣雙方的心態都很穩定，交易的

表1　**大統益董監及大股東持股比重達67%**
個股董監持股比重

股票	董監事、經理與大股東持股比重（%）	主要股東
大統益（1232）	67.96	統一（1216）、泰華油脂、大成（1210）
崑　鼎（6803）	58.96	中鼎（9933）
日　友（8341）	41.47	潤泰新（9945）、匯弘投資股份有限公司
中保科（9917）	36.04	SECOM株式會社、新光人壽保險公司
中華食（4205）	32.58	中華食品公司內部人

註：1. 大股東指持股 10% 以上股東，持股比重 4 捨 5 入至小數點後 2 位；2. 資料日期為 2020.06.15
資料來源：公開資訊觀測站

人少，股價也就不太會波動。

例如中華食大部分的籌碼都集中在自己家族手中；大統益的籌碼也集中在大股東統一（1216）、泰華油脂、大成（1210）手中；崑鼎的股票也都集中在大股東中鼎（9933）手中（詳見表1）。

這些大股東沒事不會常常在股市當中交易，有心長期投

資的存股者也不會輕易賣出持股，籌碼穩定，股價自然也不會有太大變化。不過如果是成長股如日友（8341），雖然董監事與大股東有高持股，但是外資持股比重也不低，還是會出現波動劇烈的狀況。

買進後就大漲，存股者反而不易累積持股

大多數投資人都希望一買進股票就大漲，但是如果你想持續買進，股價大漲也沒有什麼好處。就好比你開了一家麵包店，你要買進麵粉做麵包，這個星期買完麵粉之後，下星期麵粉價格上漲了，你是該高興還是不高興？當然不高興呀！因為你下星期還是要買麵粉做麵包，當然是麵粉價格下跌，你比較高興吧。

但是，在投資股票時，大家卻不這麼想，大家常常會希望買完股票之後很快就上漲。問題是，你下個月還有薪水入帳，你又會買這檔「好股票」呀！若是上漲到過度反映基本面，反而會讓你進退兩難。像是日友成長性好，卻容易超漲超跌；一旦在超漲的時候買進，持有成本太高，就容易受傷。

所以是不是在買進之後，股價不要漲得太快比較好？股神華倫·巴菲特（Warren Buffett）也希望他喜歡的股票能長期保持在低檔，讓他有充裕的時間可以慢慢買進，因為巴菲特會喜歡這檔股票很久很久很久。

我就還滿喜歡我手中籌碼穩定、波動小、基本面和股價幾乎一致的股票，平常很少波動，偶爾因為系統性風險而下跌 3%、5%，我就可以買進存股。或是短期股價被 3 大法人和不穩定的股東賣出而跌下來，我也很願意在低檔「吃貨」。身為長線投資人，根本不需畏懼短線股價下跌。當我們買進的股價不超過基本面太多，就比較不會被套牢，而且每年享有高殖利率。

再強調一次，「市場短期是投票機，長期是體重計」。短期的股價取決於所有投資人當時的心情，但長期股價會反映基本面，這裡的「長期」可能要數年之久，你要非常有耐心。

尤其年紀輕的朋友們更有優勢，因為你有很多時間可以等公司成長，所以短線價格根本就不是很重要，重點是你

選擇的公司未來真的有很強大的成長力道。像是 2020 年第 1 季，因為新冠肺炎疫情造成股價大跌，正是我們積極存股、累積持股的好時機。疫情不會永久存在，再過 2、3 年之後，你就會忘記這件事情了。

　　要特別提醒大家，每年 11 月中旬過後，到隔年的 3 月 31 日公布年度財報這段時間，是一段長達 4 個多月的「財報空窗期」。這段期間只看得到公司每月的營收（只有少數公司會公告自結損益），所以股市常常「群魔亂舞」。如果沒有堅定的長期投資存股意志，很容易就被生動的新聞標題、誇張的公司未來展望所吸引。

　　如果因為被熱門題材吸引而買進，等到財報公布、現出原形時，可能又是一場空。堅定的存股者在這段期間，只要用合理價買進存股，不斷累積資產，等到隔年公布配息政策時，就是大豐收的時刻。

　　最後做個總結，對於選定的存股標的有 3 個重點：

1. 不要碰獲利不穩定的股票，特別是電子股。

2. 選擇獲利穩健成長、有護城河的民生消費類股為主。

3. 用基本面選股，不要用股價選股。

　　選好股票買進之後，一定要很有意志力，要很有紀律，不被外在環境所影響。想成為眾人羨慕的存股達人嗎？下一個就是你。

第3章 | 搞懂買股策略
有效降成本

3-1 3步驟建立存股計畫 實現千萬資產目標

　　有讀者跟我反映，很想要像我一樣存股，但是若要在退休之前存到 1,000 萬元，甚至 3,000 萬元，並且年領幾十萬元、上百萬元股息，好像必須投入一大筆本金才能做到；一般小資族、上班族，平時能存的錢已經不多了，實在沒有信心能夠辦到。

　　老實說，我並不是剛開始存股就投入一大筆錢。我跟所有人一樣，一開始也是 50 股、100 股……慢慢買，存了 3、5 年後，股息比較多了，才比較有資金可以買一整張；日積月累，就漸漸累積出愈來愈多的股票張數。事實上，就算我現在持有的股票市值超過 4,800 萬元，我還是有買零股的習慣。

　　而且，我原本也沒有明確的計畫，只是跟隨華倫・巴菲特（Warren Buffett）、彼得・林區（Peter Lynch）等價值

投資大師的選股邏輯，挑了幾檔讓我很有感的好股票，認為股價合理就慢慢買進。

　我在還沒退休之前，是將收入扣掉生活支出（房貸、家庭生活費等）及緊急預備金之後，把剩餘的所有閒錢全部拿去買股票（閒錢指的是沒有短期需求的長期資金）。

　在退休之後，我則是固定預留一筆現金，金額約為 1 年的家庭生活費加上緊急預備金，其餘的錢則全部投入存股；包括每年領到的現金股利、借券收入等，只要一入帳，也全部拿去買股票。

　我以前是自己一股腦的存股，不過現在很鼓勵剛開始存股，或正準備想開始存股的投資人，可以按照你的能力與需求，安排屬於自己的存股計畫，有了明確的目標，就會幫助自己更容易達成：

1. 評估可投資的資金有多少。
2. 將存股標的分門別類。
3. 按個人承受度建立投資組合。

步驟1》評估可投資的資金有多少

想要有計畫地累積到 1,000 萬元的股票，該怎麼做？這時候就要好好計算一下每月要投入多少金額。

假設條件為：打算存股 20 年後累積到 1,000 萬元，投資組合每年報酬率大約 10%（包括把現金股利再投入），那麼只要每月投入 1 萬 3,227 元就可以辦到！如果你比較保守，投資組合的年報酬率設定在 8%，那麼就要略微提高每月投入金額到 1 萬 6,861 元（詳見表 1）。

我一定要提醒大家，存股是長期投資計畫，目的是要養出一大筆資產，然後提供我們每年源源不絕的被動收入，所以一定要用長期資金去買股票。

如果你的收入扣掉生活基本支出後，只剩下 5,000 元閒錢可以買零股，也不用特地去挪用短期資金去買到足額的股票。例如幾個月或 1、2 年後，你有確定要付的學費、要付的房屋頭期款等，現在卻拿去買股票，是很危險的。因為等到真的要用錢那一天，如果不幸遇到股票下跌，就

表1 想存千萬元，年數愈長、月投入金額愈低

以1,000萬元為目標，試算月投入金額

投資年數 （年）	預估投資報酬率（%）			
	6	8	10	12
15	33,776	28,418	23,844	19,959
20	21,372	16,861	13,227	10,326
25	14,329	10,555	7,703	5,580
30	9,944	6,811	4,605	3,083
35	7,055	4,478	2,795	1,724

要認賠賣股求現。

　　那麼錢不夠怎麼辦？可以等領到年終獎金再補上，或是把預估存股時間拉長到 30 年。當你有了明確計畫，或許會開始想辦法省去不必要的消費，例如戒菸省下買菸錢、減少治裝費預算等，或許你會發現你的閒錢比想像中多更多！何況未來的薪資收入也可能會成長，就可以加快達成千萬資產的速度。

　　那麼，除了股票外，難道不需要買其他如黃金、基金、保單等資產來分散風險嗎？認識我的人都知道，我只有投

資股票，沒有黃金（黃金沒有生產力，也不會配息，股神巴菲特也不喜歡黃金）、沒有基金（我不懂基金，而且我喜歡自己選股）、沒有投資型保單（我認為保險的保障應該要和投資分開）、沒有租屋收入（我怕碰到奧客、且房子修繕我不在行，我只有一間房貸已經繳清的自住房）。

可以說，我幾乎把所有的長期資產都押注在股票上面，而且我也不會害怕，因為股票我也不是隨便買，我一定是存比較有把握、符合我的選股原則、每日重複消費的民生必需產業龍頭股。這些好股票都是我的資產，可以抗通膨並且一直成長。因此，建議你也可以按照自己的生活條件和人生目標，去規畫資金的分配，在照顧生活所需之外，也兼顧資產的成長。

步驟2》將存股標的分門別類

大多數的公司，都會經歷差不多的過程——剛開始沒有競爭對手的時候，產品價格隨便喊，吃香喝辣，坐擁高毛利，獲利扶搖直上，是股市裡人見人愛的「快速成長股」。隨著對手加入戰局，競爭在所難免，快速成長股就會漸漸

發展為 3 種方向：

第 1，成長趨緩，且公司已經具備護城河，搶得壟斷、寡占地位或是擁有獨特的利基市場，此時就會變成「穩健成長股」。如果整體市場已經相當成熟，沒有太多成長機會，則會把賺來的現金盡量發給股東，成為高殖利率的「定存股」。

第 2，市場穩定，但公司市占率偏低，缺乏定價能力，表現平庸，成為不上不下的「平庸股」。

第 3，市場競爭更趨激烈，公司只能在夾縫中求生存，景氣好時仍可賺錢，景氣不好則虧損連連，淪為「景氣循環股」。

存股要選你最有信心、最有感、未來前景最明確的股票！有些公司長期前景不甚明確，但是你有信心公司在未來幾年內能夠維持獲利和市場地位，殖利率也高，就可以適當放在投資組合內。所以我存股時，只會選擇沒什麼競爭對手的「快速成長股」「穩健成長股」以及「定存股」。

我將我的持股分類如下：

A. 快速成長股：日友（8341）、柏文（8462）、鮮活果汁 -KY（1256）、大地 -KY（8437）。

B. 穩健成長股：德麥（1264）、崑鼎（6803）、中華食（4205）、大統益（1232）、統一超（2912）、卜蜂（1215）。

C. 定存股：中華電（2412）、台灣大（3045）、遠傳（4904）、中保科（9917）、可寧衛（8422）、一零四（3130）。

這 3 種類型，成長性是 A ＞ B ＞ C，股價波動性大概是 A ＞ B ＞ C，殖利率則是 C ＞ B ＞ A。

步驟3》按個人承受度建立投資組合

我的 3 種類型持股，比重又是如何分布？由於股票市值每天都不一樣，若以本書截稿日來計算（2020 年 6 月 22

日），比重大約如下：

A. 快速成長股：35%。

B. 穩健成長股：41%。

C. 定存股：21%。

現金：大約 3%。

另外，若以現金殖利率 4% 為分界點：

現金殖利率＜ 4%：42%（包括快速成長股當中的日友、柏文、鮮活果汁-KY、大地-KY；穩健成長股當中的統一超，以及現金）。

現金殖利率＞ 4%：58%（除上述股票之外，其中，因為中華食今年股價飆漲太多，殖利率其實小於 4%，但是以往都有超過 4%，因此暫時將它歸類在這一組）。

就我個人而言，我的股票大多是崑鼎、德麥、可寧衛、中華食、大統益……這種穩健成長股，它們的現金殖利率都不錯，比較不會受到政經情勢影響，又能溫和穩健地成

長，是我最喜歡的類型。

　　而在我定存股當中的電信股，雖然看起來不怎麼吸引人，卻是我控制投資風險的重要手段。因為這類股票同時擁有高殖利率，也可以賺借券收入，到了成長股大崩盤的時候，我還可以換掉電信股去買快速成長股。

　　比如說，我曾在 2016 年賣掉 108 元的中華電，買進 105 元的日友；當年兩家公司 EPS 都是 5 元多，但是論成長性，日友比較高，所以當時我在缺乏資金的狀況下換股。對我來說，電信股是我的「水庫」，可以讓我有調節的空間。但還是要提醒大家，我不會輕易換股，非要等到成長股大跌，我有 95% 以上的把握才會行動。

　　我會希望 3 種類型的持股能夠平均分配，並且隨著年齡調整比重，或是當股市有大幅波動時彈性調節。不過，我也不會規定自己一定要讓股票市值嚴格維持在特定比重，只要不太過失衡就好。

　　例如，依我的年齡，我不會讓其中一種類型的占比超過

表2 **年齡愈輕，可持有較高比重的快速成長股**
存股配置表

	40歲前	40~55歲	55~70歲	70歲後
快速成長股	40%	30%	20%	10%
穩健成長股	30%	30%	25%	20%
定存股	20%	30%	35%	30%
現金	10%	10%	20%	40%

50%；遇到成長股大跌要調節股票時，也盡量不讓定存股的持股比重降到 20% 之下。

各位投資人也可以按照年齡做好持股比重的分配：年輕人、中年人、老年人應該要有不同的投資組合，在「資金需求」和「長期增加財富」之間取得一個平衡點。

當你的年紀愈輕，由於還有工作收入，甚至薪水是穩定成長的，不用太過擔心生活開銷，所以現金比重可以低一些（詳見表 2）。

隨著年齡漸長，或即將退休，就必須有更穩健保守的投資組合。尤其退休之後沒有多餘的收入，就只能靠每年的

股息及再投資生活，因此最好能配置較多的高現金殖利率股票，同時再多留一些現金，以備不時之需。

再來談談許多存股族朋友也很喜歡的長期存股標的——台積電（2330）、金融股、與 ETF（指數股票型基金）。其中，台積電身為全球最大晶圓代工龍頭，全球市占率超過 50%，明顯有壟斷寡占的護城河優勢，但是科技股在我的能力圈之外，我認為我沒有能力判斷，因此沒有選擇台積電存股。

銀行股最受歡迎的有官股銀行如兆豐金（2886）、合庫金（5880）、華南金（2880）、第一金（2892）等，以及民營銀行如中信金（2891）、玉山金等（2884）。除了玉山金的成長性和總報酬率是近幾年比較突出的黑馬，整體而言，銀行業競爭者眾，又無法任意漲價，也常受到景氣和升降息等大環境的影響，因此我始終沒有存金融股。

至於知名的 ETF——元大台灣 50（0050）和元大高股息（0056），前者的成分股是台灣市值前 50 大成分股，一般被認為與台股大盤有很高的連動性，而台積電就占了

一大部分。後者則是策略型的 ETF，是從台灣 50 指數和中型 100 指數成分股當中，挑出其中 30 檔預測的現金殖利率最高、流動性較好的股票作為成分股，因此有很多是景氣循環股，長期總報酬率也不算太突出。

如果你喜歡存上述這些股票，且這些股票在你的能力圈內，也可以按照你的規畫排入投資組合，例如將官股銀行列入定存股，同樣也能享有優於定存的現金殖利率，並且注意投資組合的比重分配。

以我而言，我還是喜歡買具有以下特色的股票：壟斷寡占事業、民生消費必需產業、不受景氣影響、自由定價能力高，這樣長期存股才會有高報酬。其實比較過去 10 年的總報酬率，就可以很明顯看出其中的差異了（詳見表 3、4、5）。

此外，我也要提醒大家分散投資的重要性。我從不敢單壓一檔股票，因為即使再怎麼看好一家公司，都不能排除單一公司出問題的可能性；所以，我喜歡同時持有好幾檔股票、分散風險。

表3 持有卜蜂10年報酬率逾667%

華倫持股10年總報酬率

股票（股號）	2010～2020總報酬率（％）
卜　蜂（1215）	667.5
中華食（4205）	593.3
統一超（2912）	487.9
大統益（1232）	462.1
崑　鼎（6803）	226.5
中華電（2412）	214.9
一零四（3130）	210.1
遠　傳（4904）	207.7
台灣大（3045）	192.8
中保科（9917）	168.0

註：資料計算期間為 2010.01.01 ～ 2020.06.15，以期初單筆投資且股利再投入計算
資料來源：www.moneycome.in

　　當你建立起一組好的投資組合，可以幫助你的情緒穩定，讓你能夠安心抱股。要記住，「不要奢求每一次打擊能擊出全壘打，有時候要避免被三振，並且增加一壘安打或保送的機會」。

　　最後我想分享對於「持有過多現金」的擔憂。在正常狀況下，中央銀行會希望通貨膨脹（以下簡稱通膨），才能

表4	日友上市5年，總報酬高達421%

華倫持股（上市未滿10年）上市以來總報酬率比較

股票（股號）	上市以來總報酬率（%）	上市日期
日　友（8341）	421.0	2015.03
鮮活果汁-KY（1256）	419.1	2012.09
柏　文（8462）	342.0	2016.03
大地-KY（8437）	92.1	2015.05
可寧衛（8422）	55.3	2011.05
德　麥（1264）	42.7	2015.04

註：資料計算期間為 2010.01.01 ～ 2020.06.15，以期初單筆投資且股利再投入計算
資料來源：www.moneycome.in

刺激消費。商品愈來愈貴、錢愈來愈不值錢是必然的。

持有過多現金，恐錯失資產長期成長機會

反觀日本曾經陷入長期通貨緊縮，人民因為知道物品售價會愈來愈便宜，反而更不願意消費；結果工廠貨品賣不出去、公司減薪裁員，大家失業沒錢就愈不消費。所以通膨是經濟發展的自然趨勢，要讓大家不斷消費，才能促進經濟成長。你看看 10 幾年前一盒中華豆腐多少錢？現在一盒多少錢？就知道擁有定價能力的公司為何能立於不敗

表5 持有銀行股，10年總報酬率多低於200%

熱門存股標的10年總報酬率

股票（股號）	2010～2020總報酬率（％）
台積電（2330）	543.0
玉山金（2884）	457.5
兆豐金（2886）	175.1
中信金（2891）	130.4
華南金（2880）	130.0
臺企銀（2834）	127.8
合庫金（5880）	107.3
元大台灣50（0050）	106.5
元大高股息（0056）	86.5
長榮航（2618）	15.4
國泰金（2882）	10.7
中　鋼（2002）	-4.5

註：資料計算期間為 2010.01.01 ～ 2020.06.15，以期初單筆投資且股利再投入計算
資料來源：www.moneycome.in

之地了。

現金本身沒有成長的能力，公司才有成長能力，股票才有成長能力。不瞞大家說，我擁有股票比擁有現金有安全感，我寧願把錢變成股票，而不太願意把股票賣掉變成錢。你看看世界富豪榜計算富豪身家的評估方式，不是用現金

計算，而是以所擁有的資產市值來計算。

　　只要你投資的資金是「長期資金」，且不是來自於借貸，就可以適當地將現金轉換成好股票資產。10 年之後，相信你的績效會勝過身邊大多數人；距離累積到千萬資產的目標，也不會再感到遙遠。

3-2 看大盤走勢＋算合理價 不怕錯過買進時機

規畫好投資組合後，接下來就是最多人困擾的問題：要先買哪一檔？什麼價格可以買進？根據我過去的經驗，大概可以分為 3 種狀況：

依據3狀況判斷買哪類股票

狀況1》股市不上不下時，股價合理皆可買進

股市大部分的時間都是不上不下，這時候先買什麼都可以。其中，「穩健成長股」只要本益比 20 倍以下、現金殖利率 5% 以上，我都會考慮買進。

例如我們已經知道 2019 年度崑鼎（6803）EPS（每股盈餘）為 12.09 元、配息 10.83 元，2020 年除息。殖利率 5% 的股價為 216.6 元，所以我會選擇在 216 元以下買進。2019 年度德麥（1264）EPS 為 14.02 元，配

息 11 元，若以殖利率 5% 計算的話，股價 220 元以下我
也會買進。

若想要用比較低的價格加碼，我會再用本益比及 EPS 評
估合理價。當股價跌到合理價之下，不管是「快速成長股」
「穩健成長股」或「定存股」我都會考慮加碼。

狀況2》股災發生時，先買快速成長股

股災發生時，「快速成長股」通常會跌得比較深，也一
定會跌到合理價之下，可以優先分批買進。像是 2020 年
2 ～ 4 月，我加碼比較多的就是柏文（8462）和鮮活果
汁 -KY（1256）、大地 -KY（8437）。不過，因為我原
本就持有比較多張大地 -KY，所以這一波我買進柏文和鮮活
果汁 -KY 的數量就比大地 -KY 更多，以免大地 -KY 在我的
持股當中占比過大。

狀況3》股市過熱時，可買定存股

當股市持續上漲創新高，人人都想買股票的時候，很多
股票都漲到合理價之上，這時好像所有股票都很貴，若有
多餘的閒錢要投資，該買什麼好？像我會買進「定存股」，

表1 2020年股市受新冠肺炎疫情衝擊時，電信股跌幅

股票 （股號）	2020.01.20 收盤價 （元）	2020.03.19 收盤價 （元）	跌幅 （%）
大盤指數	1,2118.71	8,681.34	-28.36
中華電（2412）	109.50	105.50	-3.65
統一超（2912）	308.00	286.50	-6.98
台灣大（3045）	108.50	100.00	-7.83
統 一（1216）	75.40	62.90	-16.58
兆豐金（2886）	32.35	26.40	-18.39
廣 達（2382）	65.00	51.70	-20.46
國泰金（2882）	43.10	34.00	-21.11
中 鋼（2002）	24.05	18.60	-22.66
台 泥（1101）	44.95	33.60	-25.25
合庫金（5880）	21.50	16.05	-25.35
台積電（2330）	333.00	248.00	-25.53
富邦金（2881）	47.10	34.85	-26.01

資料來源：台灣證交所

尤其電信股是大家認為很無聊的股票。但是如果你長期觀察它們的股價，就會發現股市大跌時它們跌得很少（詳見表1）。

但是你也許會說，當股市大漲時，電信股也不會漲呀？

相對小　元大台灣50ETF（0050）前25大成分股跌幅

股票 （股號）	2020.01.20 收盤價 （元）	2020.03.19 收盤價 （元）	跌幅 （％）
台達電（2308）	152.00	111.00	-26.97
華南金（2880）	22.45	16.15	-28.06
鴻　海（2317）	92.30	66.30	-28.17
中信金（2891）	22.90	16.30	-28.82
第一金（2892）	24.55	17.25	-29.74
玉山金（2884）	29.30	20.00	-31.74
元大金（2885）	20.65	14.00	-32.20
台　塑（1301）	99.00	66.60	-32.73
台　化（1326）	88.20	59.30	-32.77
聯發科（2454）	419.00	274.00	-34.61
大立光（3008）	4,975.00	3,250.00	-34.67
南　亞（1303）	72.80	47.30	-35.03
日月光投控（3711）	79.00	50.20	-36.46

是的！沒錯！那請問你如果把錢放在銀行會漲嗎？也不會呀！所以，電信股可以當成現金或債券，好處是電信股的殖利率比銀行的利息或債券的債息高很多；遇到系統性風險，電信股也不太會跌，長期來看，是多餘資金分配的好地方。

以「過去3年本益比」評估合理價

　　股票的合理價要怎麼計算？最簡單的方法就是利用本益比和 EPS 了。稍微有研究股票的朋友都知道，我們常看到的本益比算法為「股價／過去 4 季累積 EPS」。

　　像是定存股每年的 EPS 都差不多，假設每年 EPS 大約都在 5 元上下，那麼當它的股價 75 元時，本益比就是 15 倍；當它漲到 100 元時，本益比就是 20 倍。

　　一般認為本益比要低於 10 倍以下才便宜，高於 20 倍就是太貴。其實，不同股票在市場上享有的本益比不太一樣，如果堅持要等到 10 倍本益比之下才肯買股票，恐怕會失去很多買好股票的機會。市場願意給多少本益比，會依公司的穩定性、成長性或投資人的喜好程度而有所不同。

　　成長性愈強、獨占地位愈穩、護城河愈深、未來不確定性因素愈小的公司，市場給予本益比通常愈高。有些高本益比的股票會反映到未來的獲利，所以我們通常要有能力判斷公司未來 2 ～ 3 年的獲利狀況，如果未來看不清楚，

就要暫時觀望。所以很多訂單能見度不高的公司、自己沒有把握的公司，還是少碰為宜。

舉例來說，不太有成長性、卻寡占台灣市場的電信三雄，從 2017 年到 2020 年，本益比大約都維持在 20 倍之上。而被我歸類為穩健成長股的台灣超商龍頭統一超（2912），長期以來的本益比也常常在 24 倍上下。

然而，同樣屬於穩健成長股的廢棄物焚化處理龍頭崑鼎，本益比就常常只有 15 倍上下（詳見圖 1）。為什麼崑鼎本益比會比不上統一超和電信三雄呢？我想最主要的原因，是電信三雄和統一超在台灣擁有難以撼動的競爭優勢；而崑鼎雖然也有護城河，且獲利能力不錯，營運上卻還是有一些不確定的因素，比如說會有代操的焚化爐到期，要重新招標的問題。

依股票類型，決定用哪種EPS計算本益比

計算個股本益比需要目前股價和 EPS 數字，而 EPS 要採用哪一種？可以分為 2 種情況：

情況1》過去4季累積EPS

「定存股」每年的 EPS 都差不多，所以可以直接用過去 4 季累積 EPS 計算目前本益比跟歷史區間相比是否合理。

「穩健成長股」的成長幅度比較小，也可以採取過去 4 季累積 EPS。

「快速成長股」雖然不太適合用過去 4 季累積 EPS，但是只要你認為自己很難掌握它的成長幅度，想要保守一點的話，用過去 4 季累積 EPS 計算也是可以的。

情況2》預估EPS

如果對「穩健成長股」和「快速成長股」的成長性有把握，可以採取「預估 EPS」評估目前的本益比是否合理或太高。有些對股票基本面有深入研究的投資人，就很懂得自行估算未來 4 季公司的預估 EPS，所以往往敢在別人認為「本益比太高」時大膽買進。

如果不知道該怎麼預估，可以參考證券公司研究部門的研究報告，但是通常要在該證券公司開戶，才能閱讀較完

圖1 善用券商網站，查詢個股歷史本益比

以崑鼎（6803）為例

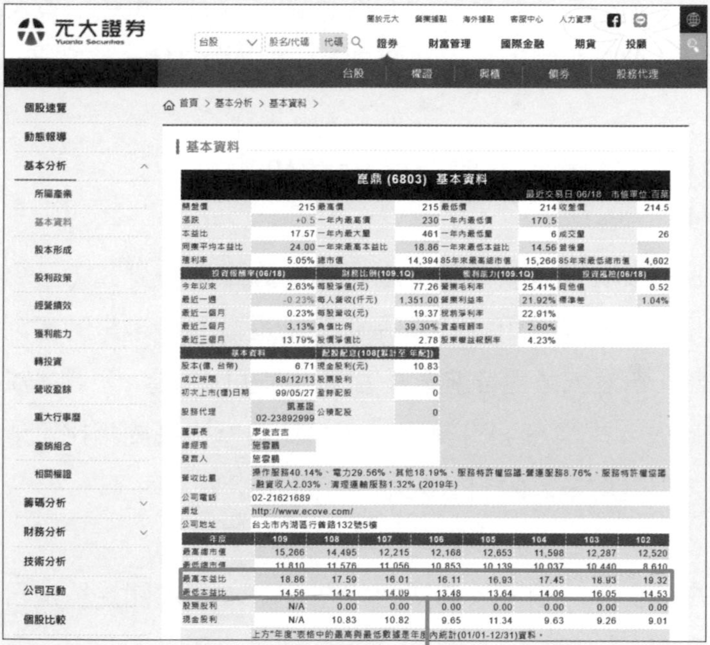

年度	109	108	107	106	105	104	103	102
最高總市值	15,266	14,495	12,215	12,168	12,653	11,598	12,287	12,520
最低總市值	11,810	11,576	11,056	10,853	10,139	10,037	10,440	8,610
最高本益比	18.86	17.59	16.01	16.11	16.93	17.45	18.93	19.32
最低本益比	14.56	14.21	14.09	13.48	13.64	14.06	16.05	14.53
股票股利	N/A	0.00	0.00	0.00	0.00	0.00	0.00	0.00
現金股利	N/A	10.83	10.82	9.65	11.34	9.63	9.26	9.01

上方"年度"表格中的最高與最低數據是年度內統計(01/01-12/31)資料。

資料來源：元大證券官網

整的資料。不過，研究報告所預估的數值有時候會相差不遠，有時候則過於高估。如果真的擔心用太高的價格買進，可以將研究報告中預估的 EPS 數字打 9 折，再去計算目前本益比跟歷史區間相比，是否處在合理的區間。

成長股通常享有偏高的本益比

投資成長股，就是估計它未來能夠賺進多少錢（至少未來 2 ～ 3 年要明確）。如果你有把握成長股未來的獲利成長性，自然就敢用目前看似偏高的本益比買進。也就是說，用過去 4 季累積 EPS 算出的本益比跟歷史區間相比可能過高，但是用未來的 EPS 來看，可能就相對合理了。

舉個例子，很多人都知道我在 2014 年才開始買進日友（8341），買進價格 40 多元。2015 年 5 月日友最高漲到 100 元，後來就向下修正；同年 8 月 23 日、24 日，日友連續跳空下跌。我在 8 月 24 日再以 80 元左右加碼買進 3 張日友（詳見圖 2），買完隔天又繼續跌到 75.5 元。

當時日友 80 元的價錢，很多投資人認為本益比太高、

圖2　2015年以大約80元買入日友
2015年華倫買進日友（8341）對帳單

	即時行情	帳戶管理	交易資訊	使用說明	期貨交易	帳號登出	螢幕監控

成交回報

盤別: 全部 ▼　條件: 全部 ▼　個股: 8341　明細 ▼　排序別: 後成交 ▼　查詢　預覽列印　EXCEL

單號	股票名稱	買賣	股數	單價	價金	融資金額 融券保證金	預估收付	手續
70382-00	8341 日友	現買	1,000	80.80	80,800	0	-80,915	
70766-00	8341 日友	現買	1,000	79.30	79,300	0	-79,413	
60642-00	8341 日友	現買	1,000	80.40	80,400	0	-80,514	
帳後(約15:30)至對帳覽查詢 1.425計算，實際當日費用，請於				合計	-240,500		-240,842	

買：3,000股 240,500元　　　　賣：0股 0元
買均價：80.17 應付：240,842元　　　　賣均價： 應收：0元

股價太貴，因為他們看到的是日友過去的 EPS，而忽略了日友未來 3、5 年的 EPS。若以 2014 年 EPS 為 3.04 元計算，股價 80 元的本益比是 26.3 倍；若以當時的累積 4 季 EPS 為 3.82 元計算（2014 年第 3 季到 2015 年第 2 季），日友的本益比也將近 21 倍。

不過，我看好日友的成長性，當時已經公布的 2015 年

前 2 季 EPS 合計為 2.08 元；由於下半年會再優於上半年，因此當時我自己估算的 2015 年全年 EPS 是 4.5 元。如果我用 80 元買進，那麼本益比其實只有 17.78 倍（80 元 ÷4.5 元）。

事實上，我眼光放得更長遠。2015 年時公司就有透露，接下來將有雲林三廠、彰濱二廠，以及北京潤泰二廠的擴廠計畫。單單彰濱二廠在產能滿載的情況下，1 年就有可能貢獻超過 2 元的 EPS。因此，當時我看好日友在未來的 5 年，每年 EPS 可能會達到 10 元，所以我用 80 元買進，未來的本益比只有 8 倍，我怎麼會覺得自己買得太貴呢？

買成長股要以未來的 EPS 做預估，股票不會等到日友 EPS 已經達到 10 元的時候才漲，因為市場上還有很多專業的投資人、法人，他們也懂得預估日友未來的 EPS，所以股價勢必在 EPS 不到 10 元時就先上漲了。其他成長股的判斷方式也相同，重點在於你要能夠掌握並且判斷公司未來的狀況。

3-3 建立買進紀律 才能持續累積股數

知道要買什麼股票，再來，最關鍵的問題就是「該在什麼時候買？」我想，最適合大多數人的，還是簡單易懂、執行起來也非常輕鬆容易的策略；像我採取的策略就是「紅燈停綠燈行，車子沒故障就不用下車」。

尤其是股價下跌期間，整個大盤或個股都是綠油油一片的時候，更是買進的大好時機，這代表我能用打折出清價買到好股票，怎麼可以放過？難道要等它大漲的時候再買嗎？知更鳥報春的時候，春天就快要結束了。

下跌是好買點，但無須刻意猜測最低點

無論是 2018 年 10 月，或是 2020 年 3 月，這兩次大跌都是存股族很好的「吃貨」時機。不管是日友（8341）、德麥（1264）、崑鼎（6803）、大地 -KY（8437）……

等，跌幅都不小，也出現了「綠燈通行」的時刻。我加碼買進其中幾檔個股後，股價也曾繼續跌破我的買進價格。

假設 3 月時你手中有閒錢 10 萬元，有機會買到 190 元以下的德麥，如果用 190 元成交，10 萬元可以買到 526 股。而 2 個月後，德麥股價上漲到 220 元左右，同樣的 10 萬元卻只能買到 454 股。到了 2020 年 6 月 16 日德麥除息 11 元，買到 526 股的人可以領到 5,786 元現金股利，買到 454 股卻只能領到 4,994 元。

所以，只要手中有可投資的資金，若正逢股價下跌、跌到近乎低估價，應該視為大好時機而買進，沒有買到最低點也沒關係。

不過，如果你只是因為股市大跌時，手中沒有閒錢買股，那就不是你的問題了，等到下個月收入進帳再買就好。我想強調的是，只要手中閒錢夠，遇到適合的股價就可以買。如果總是想等到股價跌到最低點再買，或是想要等到股價下跌結束起漲再買，你會發現自己永遠抓不住最滿意的買進機會。

以當前總體經濟狀況決定買點並不明智

有一派投資人會觀察目前經濟情勢來決定買點，就像是這次 2020 年 1～2 月爆發新冠肺炎疫情，台股狂跌將近 30%（2020 年 1 月 20 日收盤指數 1 萬 2,118 點，跌到 3 月 19 日最低點 8,523 點）。當時股市充滿悲觀氣氛，擔心經濟受衝擊，股市會再跌到 7,000 點、6,000 點，所以很多意志不堅定的存股族急忙在下跌期間賣股票，空手的人則遲遲不敢進場。

不過，幾乎沒有人能預料到，台股突然在谷底 V 型反轉，2020 年 6 月已經又站上 1 萬 1,000 點。我手中的所有持股，股價也幾乎回到下跌前的位置。但是，明明經濟尚未轉好，為什麼股市會漲回來這麼多呢？

同樣的事情不只發生在台股，1954 年的美國也遭遇經濟衰退，美國失業率於 1954 年 9 月達到了頂點；然而，道瓊工業平均指數當年卻上漲了大約 50%。

由此可見，股市與整體經濟狀況不是完全連動的，股市

經常提前反映經濟；因此以當前經濟狀況來決定是否購買或賣出股票，並非明智的決定。

　　財經新聞每天都有各領域專家，發表對未來股市或經濟預測的看法。有沒有發現，這些財經分析數據和預測看得愈多，你愈是搞不清楚要相信哪種說法？有人喊多，就會有人喊空，看新聞找預測買點真的有幫助嗎？如果真的有幫助的話，就不會有人在 2020 年 3 月 19 日台股跌到8,523 點那天賣股票，當天也不會有人紛紛說「我 OK，你先買」了。

　　著名投資大師約翰‧坦伯頓（John M. Templeton）曾說過，投資要買個別公司的價值，而不是市場趨勢，也不是總體經濟前景。

　　股神華倫‧巴菲特（Warren Buffett）也說，自己不善於預測未來經濟走勢，而且他也從不聽經濟學家的預測。他說：「如果有 500 位經濟學者排一排，也許他們會發表500 種不同的看法，我不關心經濟學家的說法，因為經濟學家並沒有靠投資股票賺很多錢，但是買賣股票的人會聽

經濟學家的，」他還説：「如果一家公司僱用經濟學者，他一定是喝醉了。」

我存股這麼多年來，財經新聞上經濟學者、分析師説的話，完全不會影響到我。我選擇存股標的時已經很謹慎了，我重視的是公司本身，而不是交易市場。只要平時對企業有一定的了解，那麼在股價極度高估與極度低估的時候並不難分辨。所以我基本上就是一直「累積股數」──大跌大買，小跌小買，買到沒錢，就等有錢的時候再買。若經濟前景會高度影響公司的中長期獲利，就代表這家公司或產業身處在競爭激烈嚴重的環境中，我就不會買這種股票存股了。

不能用現金殖利率判斷快速成長股買點

股價下跌時，如果買的是「穩健成長股」「定存股」，很有機會能夠買到現金殖利率 5% 以上的價位。不過，「快速成長股」就不能用相同標準評估。如果要用現金殖利率找買點，可能一直都等不到那一天，最好的方法還是用本益比去估算合理價。

表1 **日友現金殖利率偏低，但配息逐年成長**
日友（8341）獲利與配息概況

年度	每股盈餘（元）	現金股利（元）	現金股利發放率（%）	現金殖利率（%）
2014	3.04	2.20	72.37	2.46
2015	4.71	3.50	74.31	2.46
2016	5.50	4.50	81.82	3.02
2017	7.03	6.00	85.35	2.35
2018	7.38	6.50	88.08	2.46
2019	8.91	8.00	89.79	3.16

註：年度為股利所屬年度，現金殖利率以隔年 5 月第 1 個交易日股價計算
資料來源：XQ 全球贏家、公開資訊觀測站

　　快速成長股確實有未來成長停滯的風險，所以我一直都很認真追蹤我的持股。對我來說，只要對公司未來 3 ～ 5 年的成長性有把握，且目前股價不要過度反映，那麼即使現在現金殖利率低，仍然值得買進。等到未來公司獲利上揚，現金股利跟著提升，那麼以我的買進價計算現金殖利率，其實是愈來愈高的。

　　以日友為例，從 2014 年～ 2019 年，假設每次都在隔年 5 月第一個交易日買進，那麼每年的現金殖利率大約落

表2 以買進價計算，日友現金殖利率逐年提高

以142.5元買進價，計算日友（8341）每年現金殖利率

年度	現金股利（元）	現金殖利率（％）
2015	3.50	2.46
2016	4.50	3.16
2017	6.00	4.21
2018	6.50	4.56
2019	8.00	5.61

註：年度為股利所屬年度　　資料來源：XQ全球贏家、公開資訊觀測站

在 2.3% ～ 3.1% 區間（詳見表 1）；想在買進之後一年內得到 5% 現金殖利率並不容易。但如果願意拉長等待的時間，以現在買進的成本，或許 3 ～ 4 年之後就能等到 5% 以上，甚至更高的現金殖利率。

怎麼說呢？ 2015 年度日友的現金股利是 3.5 元，假設 2016 年 5 月以 142.5 元買進，現金殖利率是 2.46%。但是 2016 年度～ 2019 年度的配息逐漸上升，分別為 4.5 元、6 元、6.5 元、8 元，那麼以買進成本 142.5 元計算的現金殖利率，就分別上升為 3.16%、4.21%、4.56%、5.61%（詳見表 2）。

　　而 2020 年 6 月時，日友股價約在 250 元，如果期望未來能獲得現金殖利率 5%、12.5 元的現金股利，那麼以現金股利發放率（又稱配息率）85% ～ 90% 計算，需要等到日友 EPS 達到 13.9 元～ 14.7 元的時候才有可能達到。只要懂得評估日友未來擴廠後的獲利狀況，就知道是否值得用 250 元買進了。

依照股價下跌幅度，資金分批進場

　　我知道股市大跌期間很多人不敢買股票，因為怕買了之後再跌；後來漲了很多反而很多人想買，是因為怕再不買會再漲。當然也有人看到股市漲很多還是不肯買，是因為怕自己買得比別人貴……。

　　如果你也常被上述矛盾的心態所困擾，不妨參考一下我的做法：只要看到股價合理（在合理價下最好）我就慢慢買，碰到股價大跌就用力買，我喜歡買黑不買紅，買跌不買漲。建立起這種買進紀律，上述問題都能迎刃而解。

　　如果你的資金比較充裕，想要分散買進成本，也可以分

成若干等分，例如分為 3 份資金買進；零股或整張都可以，看你的資金大小而定：

1. 股價跌至合理價之下先買第 1 份。
2. 股價再跌 5%、7% 時，買第 2 份。
3. 股價繼續再下跌 5%、7% 時，買第 3 份。

　　如果買完之後繼續上漲也沒關係，只要在合理價之下就好。因為建立買進紀律，是為了能夠持續累積股數，像我就不怕把可用資金買完。尤其是上班族更不用擔心，因為你下個月還是會繼續領薪水，還是能撥出閒錢來買，一年內也還有現金股利可以繼續買，不是嗎？

　　我也很清楚，在股市歷練少、經驗少，要能逆向思考真的不容易。我也是經歷過多年的股市洗禮，才有辦法在股市大幅震盪時若無其事。

　　我現在可以很肯定地告訴你：「股票市場大多數人的感覺和預測都是錯的！」因為多數人取得的是相同的資訊，而且大多數人在股市中都賠錢，所以大多數都是錯的。

　　偏偏每次回顧過去，都能發現「行情總在絕望中誕生，在半信半疑中成長，在憧憬中成熟，在希望中毀滅」。我們每個人都是大多數投資人之一，只要不斷練習，看看你自己對行情的樂觀程度和悲觀程度，然後把它反過來思考，你的思路就會愈來愈清晰。

3-4 用借券增加收入 常見3大疑問解惑

如果有看過我之前的書，應該對「借券收入」並不陌生。簡單說，借券就是把股票借出去給別人，並按照出借的年利率計算利息。扣掉券商的抽成之後，剩餘的就是我們可以領到的收入。

我從 2015 年開始執行借券，把我的存股出借。2020年我預計可以賺到超過 10 萬元以上的借券收入（截至2020 年 6 月 20 日，借券收入約 6 萬 1,000 元，平均每個月 1 萬多元）。以下來解答幾個讀者經常提問的借券相關疑問：

疑問1》要賣出已出借的股票怎麼辦？

由於電信股是我的「水庫」，水庫的水可以減少，但不能讓它乾涸，所以我一定有一批絕對不會賣出的電信股。

平時除了領股息，我也會出借；就算出借年利率很低，只有 0.1% ～ 0.5% 也沒關係，反正都是多出來的收入。多領到的錢也可以讓我多買幾股零股，何樂而不為？

等到大崩盤時，我會用部分電信股去換成長股，此時股票已經出借了怎麼辦？此時必須和營業員聯絡，申請 call 回股票程序，快則 1 天，慢則 3 天股票就會回到你的帳戶，這個時候才可以賣出股票。

疑問2》除權息期間出借股票，還能領股利嗎？

股票如果在除權息交易當天還是出借的狀況，你還是領得到股利（包括現金股利和股票股利），不過券商會透過「權益補償」的方式，把股利匯到你的戶頭，而且你還不用負擔 10 元的匯款手續費和 1.91% 二代健保補充費。

要注意的是，2018 年取消兩稅合一制度，若採股利所得合併計稅，則股票股利的 8.5% 可抵減稅額，且最高可抵減稅額是 8 萬元；如果用 8 萬元除以 8.5% 是 94 萬1,176 元，所以股利所得只要低於這個金額，都可以享有

可抵減稅額的優惠，或許還可以退稅。但如果股利是以「權益補償」的方式領取，就不屬於你的個人所得，隔年報稅時不用申報，也就不會享有 8.5% 的股利可抵減稅額。

　　假設你 2019 年領到的現金股利收入一共 100 萬元，但是其中 8 萬元屬於權益補償，2020 年在申報個人綜合所得稅時，只需要申報 92 萬元的現金股利收入，另外 8 萬元就不屬於你的所得，而股利可抵減稅額就是「7 萬 8,200 元（＝ 92 萬元 ×8.5%）」。

　　所以，如果你的股利收入超過 94 萬元，那麼在除權息時出借股票是比較有利的，反正都不能計入股利可抵減稅額，還不如借給別人，股利照領又可以降低稅金負擔。

　　若股利收入低於 94 萬元，而且你的家戶綜所稅率級距落在 5%，則除權息時出借股票就不能享有股利可抵減稅額；反而是自己參與除權息，有少繳稅或退稅的好處。除此之外，平時出借股票都是多賺的收入。

　　借券期間如果想要參與除權息，大部分券商都可以在申

請出借時做好設定，包括「股東會、除權息、現金增資」最後過戶日前，可選擇提前還券給你。但是通常會降低出借成功機率，投資人可再自行評估。

疑問3》如何提高股票出借機率？

雖然各大券商都有提供借券服務，不過成交狀況不一，我比較常往來的元大證券、凱基證券、富邦證券這 3 家，以下做個簡單的比較：

①**手續費抽成**：元大證券 30%、凱基證券 25%、富邦證券 20%。

②**出借利率**：借券利率比較高的是凱基證券和富邦證券，出借利率最低的是元大證券。在利率設定方面，元大證券和富邦證券的 App 會秀出各檔股票的參考利率，用戶可以參考後自行設定。凱基證券則不用設定利率，由券商自己搓合。

③**股票出借難易度**：各家券商容易出借的股票不盡相同，

可以先從你使用的券商試試看。如果覺得目前券商不易出借，也可以另外開別家券商帳戶，用「匯撥」方式把股票匯過去新券商的帳戶（匯撥股票不需要任何手續費，但需要攜帶雙證券和證券存摺，親自跑一趟目前的券商櫃台）。

上述券商提供的服務主要是「雙向借券」制度，只要有1張股票就能出借（零股不行）。另外，部分券商和銀行也有提供「信託借券」服務，優點是比較容易出借，只是門檻比較高。例如，單一股票須滿 10 張、20 張等，所信託的股票總市值也要達到一定金額，較適合股票資產較高的人。

我的持股當中，最容易出借的是電信股，中華電（2412）、台灣大（3045）、遠傳（4904）始終出借中。另外，柏文（8462）、鮮活果汁-KY（1256）、日友（8341）、大統益（1232）、可寧衛（8422）、一零四（3130）、卜蜂（1215）、中保科（9917）、統一超（2912）也常在出借名單；大地-KY（8437）、崑鼎（6803）、德麥（1264）分別出借不到 3 次；中華食（4205）則從未出借成功，但我還是持續申請出借就是了。

借券收入的算法很簡單，只要將每天出借股票的當天市值，乘上借券日利率（借券年利率 /365 天），再乘上借券天數，最後扣掉券商抽成的手續費即可。出借利率愈高、張數愈多、股價愈高，我們能領到的借券收入就愈多。雖然出借利率我們無法控制，但是我們可以一直累積股票張數；還有，成長股的股價基本上都是慢慢會成長的，都會幫助提高借券收入。

大家有沒有覺得存股的好處很多？養對股票，就像是養到好幾隻會下金雞蛋的雞，也像是擁有好多台印鈔機。每年不斷投入資金存股，每年股息再存股，股票會愈來愈多，股利、借券收入就愈領愈多。當你體會到存股的好處，相信你也會像我一樣捨不得賣股票。

第4章 | 回歸投資初衷
不輕易賣股

4-1 放棄試圖低買高賣 享受資產複利增長果實

有讀者問我，「股價漲到高點沒有賣掉，會不會只是紙上富貴？如果能在高點賣掉換現金，等到下一次大崩盤逢低買進，不就能賺更多嗎？」

也有另一個讀者留言給我說，他在 180 元到 190 元之間買了日友（8341），問我能不能在股價漲到 190 元時把股票賣掉，等跌到 180 元再買回來，這樣可以降低成本。

如果日友的股價會永遠在 180 元到 190 元之間波動，這樣來回操作確實很簡單。最美好的想像就是：每星期都操作 1 次，每次賺 1 萬元，那麼 1 年可以賺到大約 50 萬元，年度報酬率就能輕易超過 100%。

現實生活才不是這樣。如果你永遠都在 180 元買進，就代表一定有人用 180 元賣給你；永遠在 190 元賣出，也

代表有人用 190 元跟你買。誰會這麼傻，一直跟你做反向操作呢？

　　會想要來回操作的心態，就是沉醉在短線股價波動之中。或許有人真的可以靠這方式賺到錢，但我就是沒辦法，問題就在於「我無法預測股價何時會出現高低點」。

自作聰明做價差，往往賠了夫人又折兵

　　我把好股票視為資產，我存股的目的就是想要不斷累積資產。也因為我用的是長期資金，所以有一輩子的時間等待資產成長。

　　這些好股票都是未來能一直發錢給我的印鈔機，只要沒故障，我沒有理由賣掉。若從年輕時就開始打造印鈔機，所領到的被動收入就可以再慢慢打造出下一台印鈔機。當印鈔機愈來愈多，被動收入愈來愈高，財富自由也就指日可待了。假設累積到 1,000 萬元，每年大約就能有 40 萬元的被動收入；累積到 2,000 萬元，就有大約 80 萬元的被動收入……只要開始行動，會發現累積資產的速度比你

所預期的快很多！

　　當你打算開始存股了，就不要自作聰明一直換股，老是想著低買高賣賺價差，勝算不會比一直存股不賣還高。股價當然有可能過度上漲，只是你有沒有發現，過去當你認為股價漲多賣掉後，等到它真的下跌，你反而不知道該在幾元買回來；再等到止跌反彈，又忍不住在更高的股價買回來，還白白損失證交稅和手續費。

　　以前我也曾經迷失在賺價差的遊戲，記得當時每次看到賣出股票所需支付的手續費和證交稅，我就很心疼。如果換股換對了還好，如果換錯了，真是可以用「賠了夫人又折兵」來形容。

　　後來我發現，有時候換到對的股票，也只是短時間看來是正確決定；如果就長期來看，不見得對，然後又試圖再換回來，就養成了短線交易的習慣。就數學機率來說，就算你有 50% 的機率換對股票，但是扣掉手續費和證交稅，最後還是賠錢。最終，賺錢的只有做莊的券商和政府，它們可以獲得很多現金流收入，而投資人卻常常只有一場空。

　　再用另一個角度來看，你有沒有想過，你的老闆為什麼賺得比你多？因為老闆都靠你們這些員工幫他賺錢。當公司每年都賺錢，一年賺得比一年多，你覺得他會先把公司股權賣掉，然後下星期再買回來嗎？

　　當然不會！因為公司能帶給他被動收入，只要這家公司可以一直幫他賺錢，他不但不會把公司股權賣掉，還會把股權傳承給他的後代。你也可以當作買股票就是當這家公司的幕後老闆，有了公司股權，這家公司的員工就會一直為你工作賺錢。

　　我也建議大家可以像我一樣，把手中持股的每季獲利和配息記錄下來。有兩個優點：第1，是持續關注公司的獲利紀錄，留意公司財務狀況的變化；第2，是當你看到好公司不斷成長的獲利和配息數字，就會愈來愈不在意短線股價的波動。

　　分享另一個讀者傳給我的訊息，大意如下：「我曾擔任10年外資交易員、2年投信交易員，之前每天都想看盤進出，改掉這個習慣後，現在真的輕鬆不少。發現老師比我

接觸的人都強，我工作的地方，太多人都無法財務自由，很辛苦。」其中最後一句讓我感觸良多，連專業的外資投信交易員都無法財務自由，那麼一般散戶怎麼辦？

　　我想，存股大概就是最好的答案。不要試圖去預測明天、下週股價多少？不要老是想低買高賣。預測短期股價，對我們來說沒有意義。只要鎖定價格合理的優秀公司，把眼光放長遠，就能享有資產愈滾愈大的複利效果。要學有錢人，讓錢為你工作，讓你的每一塊錢都幫你賺到更多錢。

4-2 〉牢記長期投資2大鐵則 不怕股價下跌

　　大家也常常問我，買進股票之後，難道不會擔心股價下跌嗎？如果買進後就遇到金融海嘯，或是再有疫情導致全世界都封城怎麼辦？

　　存股是一輩子的事情，一生當中一定會經歷許多股市大漲和大跌的狀況。但是請記住每一次股市大漲或大跌之後發生了什麼事情。

　　直接告訴大家我的觀察：往往股市大漲了好幾年，就會在所有人沒防備的時候突然大跌；而在大跌之後，也會在所有人半信半疑中上漲，只是漲跌所經歷的時間長短不一。

　　但是，把股市指數的時間拉到最長來看，你會發現走勢是長期慢慢上揚的，若再加計股利報酬，長期走揚的趨勢更是明顯。

股市長期會上漲，無須在乎短期波動

長期持有好公司的股票，就是相信股市長期會上漲。因為股票市場的方向，是反映供給我們生活所需公司的總市值漲跌；隨著時間過去，由於人類生活水準改善，公司會生產更多產品並提供更多服務，產品價格會隨著通膨上漲，整體公司的營收和獲利會隨之增加，公司整體價值也會隨著時間而成長。特別是具有護城河壟斷地位和定價權強大的績優公司，表現又會比整體股市來得好。

我們來看看美國道瓊工業平均指數（以下簡稱道瓊指數），於 1896 年 5 月 26 日發布，開盤指數為 40.94 點，到了 2020 年 6 月 19 日，收盤指數是 2 萬 5,871.46 點，這 124 年之間發生了什麼大事？

包括 1914 年、1939 年二次世界大戰、1947 年中東戰爭、1950 年韓戰、1955 年越戰、1973 年石油危機、1980 年兩伊戰爭、1990 年波斯灣戰爭、1997 年亞洲金融風暴、2000 年網路泡沫、2001 年 911 恐怖攻擊、2003 年 SARS（嚴重急性呼吸道症候群）疫情，2010 年

歐債危機，以及 2020 年發生的新冠肺炎疫情等。

每次大事件發生，帶給人民的恐慌都彷彿世界末日降臨。但是只要回顧這些事件發生時的股市指數變化，你會發現那都只是大長多格局的短暫修正而已，對於長線投資者而言，其實是再也理想不過的買點。

股神華倫・巴菲特（Warren Buffett）就曾經推估，在本世紀末的 2099 年，道瓊指數會站上 200 萬點。如果只告訴你，未來的數十年，人類生活會更好、經濟會更繁榮，你恐怕還是會覺得不可思議。

而巴菲特是這樣推估的——1899 年底～ 1999 年底這100 年間，道瓊指數平均每年上漲了 5.3%。假設用同樣的報酬率往後推算，從 1999 年底～ 2099 年底 100 年，就很有可能會到達 200 萬點以上。

另外，再根據巴菲特執掌的波克夏公司（Berkshire Hathaway）公布的完整年報，從 1965 年～ 2018 年，波克夏市值的年化報酬率高達 20.5%，同期間美國 S&P

500（標準普爾 500）指數的年化報酬率則是 9.7%。而 1964 年～2018 年，波克夏市值的累積成長率高達 2 萬 4,726 倍，S&P 500 指數則是 150.19 倍。即便波克夏有這麼好的績效，也不是時時刻刻都保持正成長。

例如波克夏 A 股（美股代號：BRK.A）在 2007 年～2009 年這段期間，經歷了金融海嘯，股價波段最大跌幅曾達到 51%；2000 年科技網路泡沫時期，股價波段最大跌幅也有 49%（詳見表 1）。手上的股票市值腰斬，是極為驚人的跌幅；如今回顧起來，卻無礙於波克夏股東長期投資的複利威力，以及波克夏市值的長期成長能力！

具護城河優勢的股票，長期下來會持續獲利

所以答案很清楚，大漲的時候要謹慎，看戲就好；大跌的時候，要鼓起勇氣去買。如果股價再跌，反正下個月薪水進帳還能再買，長期持有不要怕，只要選對股票、做好資金控管和投資組合就好。你用的是長期資金，是 20～30 年後才會用到的錢，所以你有很長的時間等待公司成長，有很長的時間去等待股市經歷多次波動後慢慢往上漲。

表1 波克夏股價3度大跌，最高跌幅達51%

波克夏A股（BRK.A）3次大型跌幅

發生期間	1987	1998~2000	2007~2009
最高價（美元）	4,250	80,900	148,220
最低價（美元）	2,750	41,300	73,195
波段跌幅（%）	35	49	51
重大事件	1987年10月股災	亞洲金融風暴、科技泡沫	金融海嘯

註：跌幅以時間範圍內最高與最低收盤價計算　　資料來源：Yahoo! Finance

請牢記長期投資的 2 大鐵則：

1. 波動不是風險。
2. 被低估的股票早晚會漲。

當你選對股票，就無須關心交易市場的波動變化，因為長期來看，波動不是風險。投資者關注的應該是企業，而不是市場，期待一買進就上漲是愚蠢的。

價值 10 元的東西，你以 9 元以下的價格買入後，如果繼續跌到 8 元、6 元，有錢就繼續加碼，沒錢就耐心繼續

等待，不要去研究市場或者指數。眼光放在企業本身，去評估看看企業大概價值多少錢？然後與價值相比，看目前的價格夠不夠便宜，這就夠了！在低估價格買進不會吃虧，因為被低估的股票早晚會上漲。

你會害怕下跌，是因為沒有把股票當成是印鈔機、金雞母、會生財的資產。老是抱住大量現金在手，等大跌的時候又不敢買，然後每年放在銀行定存，定存年利率又這麼低，想要財富自由比登天還難。

與其要保留這麼多現金，我寧可去買中華電（2412）和台灣大（3045），如果用 5% 現金殖利率計算，我領 20年的現金股利，就把本金給賺回來了；但是把現金放在只有 1% 年利率的定存，要等 100 年才能賺回來。如果你不喜歡電信股，也有很多存股族會投資官股銀行，或是經營績效頗佳的民營銀行（例如玉山金（2884）），這都比放在銀行定存好。

我一向是選股不選市，選擇具有護城河優勢的股票，長期來看就是會持續獲利。買到不具競爭優勢的股票，就算

你在大盤 5,000 點買進也未必能賺錢。

　　股票下跌雖然看起來很可怕，但是在公司基本面沒有問題的前提之下，用愈低的股價買進愈安全，而不是愈危險。只要不是融資借貸的資金，根本不用怕！不要把股票下跌視為毒蛇猛獸，要當作股價出現優惠價、清倉價，慢慢存一些好股票，慢慢累積。每次都要賣到高點、買到低點，哪有可能？耐心選好股，有紀律買進比較簡單。

　　今年我領到的現金股利，會比去年多，明年會比今年更多，10 年後肯定多更多。但如果我跑來跑去做價差交易，賺得肯定不會比現金股利多。既然我只要買進持有就好，需要在乎某檔股票在哪一年下跌多少嗎？如果你現在每年能為公司賺很多錢，你的老闆會在乎你高中段考時考第幾名嗎？身為投資人，要清楚你在做什麼，你的長期目標是什麼。當你決定走存股這條路，就沒有必要隨著市場先生的報價起舞，好公司的成長值得你耐心等待。

4-3 持續追蹤公司獲利 3重點判斷是否賣股

以價值投資的角度來說，我們買進一家公司的條件是「這是一家好公司」；而我們賣掉一家公司的原因，也會是因為「它不再是一家好公司」。所以我們不應該看股價進行停利、停損，而應該要看公司的價值進行停利、停損。

我在我的第一本書《流浪教師存零股 存到 3,000 萬》中有分享過，當公司季獲利連續 2 季衰退就要注意，連續 3 季衰退我就會停損；我也曾在 2012 年和 2014 年分別停利佳格（1227）和停損王品（2727）。佳格主要是因為連續 2 季獲利衰退，且它的中國子公司獲利變得不穩定；王品則是因為連續 3 季獲利衰退，且我當初高估了王品的護城河優勢，可以說是在選股時就犯下錯誤。

後來我投資的股票更集中在「護城河優勢」明顯的公司，盡可能降低選錯股票的風險。當我們發現「車子故障」，

也就是公司的獲利連續衰退，市占率和競爭力不斷流失，就是需要賣出股票的時刻，可掌握以下重點：

1. 看公司「經常性獲利」，若為暫時衰退可按兵不動。
2. 當公司變得無法預測，亦可下車觀望。
3. 去蕪存菁，別摘掉花朵卻為雜草澆水。

重點1》經常性獲利若暫時衰退，可按兵不動

觀察獲利要注意是看「經常性獲利」，也就是公司平時營運所能賺到的錢。如果有一次性的獲利，而誤判公司的獲利能力提升，恐怕會給予過高的合理價。同樣地，若因為一次性的虧損而誤以為公司獲利持續衰退，也可能賣錯股票。

比如說，中華食（4205）2018年第4季和2019年第1季獲利明顯衰退，跟前一年同期相比分別衰退了30.49%、14.52%（詳見表1）。

不過，追查原因可知道，當時是因為雞蛋價格上漲，使

得雞蛋豆腐成本上升，所以也可以發現這 2 季的毛利率明顯下降。不過，這並不影響中華食的護城河優勢，而且雞蛋價格也不會永遠在高檔，因此存股族不需要急著賣出。果然從 2019 年第 2 季開始，中華食的毛利率水準又恢復正常，而且獲利比之前還要好！

重點**2**》當公司變得無法預測，可下車觀望

我曾在第 3 本著作《華倫老師的存股教室②：股利與成長雙贏實戰》介紹過山林水（8473）這家公司，山林水主要獲利是來自 2 家子公司：「東山林」（宜蘭羅東污水下水道系統工程 BOT）以及「綠山林」（執行高雄市楠梓污水下水道系統工程 BOT 案），另外也代操污水廠、水資源處理中心等。

我自己是在 2016 年 9 月買進，當時山林水的獲利表現都還不錯，但是從 2017 年第 2 季已開始出現年衰退，當季稅後淨利跌落 1 億元之下；之後連續衰退 4 季，衰退幅度都高達 22% 以上，主因是東山林和綠山林兩個 BOT 案的 5 年免稅額到期，營所稅增加造成稅後淨利衰退，到了

表1 中華食曾連續2季獲利明顯衰退

中華食（4205）季度獲利

季度	營業收入（百萬元）	稅後淨利（百萬元）	EPS（元）	稅後淨利年增率（％）	營業毛利率（％）
2018.Q2	356	62	0.77	3.33	37.99
2018.Q3	380	66	0.82	-1.49	36.93
2018.Q4	386	57	0.70	-30.49	34.26
2019.Q1	381	53	0.66	-14.52	33.78
2019.Q2	378	72	0.89	16.13	39.23
2019.Q3	410	85	1.05	28.79	41.95
2019.Q4	413	76	0.94	33.33	38.90
2020.Q1	409	79	0.98	49.06	40.59

資料來源：XQ 全球贏家

2018 年 Q2 才又停止衰退（詳見表 2）。

　　按照我的評估原則，這時候應該要賣股票了。但是由於稅率並無關公司競爭力，因此決定按兵不動，再觀察看看公司的表現，此時對山林水採取不買不賣的策略，保持觀望並且持續追蹤。

　　到了 2018 年第 3 季，山林水終於恢復成長，沒想到第

4 季再度陷入獲利年衰退,且稅後淨利來到 3 年以來低點,只有 8,000 萬元左右。2019 年第 1 季更慘烈,竟然只剩下 4,300 萬元左右,年衰退幅度達 60%。

事實上,2019 年初山林水還發行公司債和啟動現金增資,這是我所有持股中唯一現金增資的股票。有看過我的書的朋友都知道,我對於向股東要錢的公司很反感;但我還是說服自己,公司若要擴大營運,還要去馬來西亞承接工程……這段期間勢必需要大量現金。沒想到 2019 年第 1 季竟如此大幅衰退,讓我相當失望。

當時已經可以注意到山林水的獲利趨勢向下,而這段期間公司都對外表示,承攬工程一開始獲利較少,但是只要公司的口碑和形象建立起來,將來就可以獲利。要不然就是,公司在建的案子很多,未來營收成長無虞(但從來沒有提到獲利成長)。公司還曾說過,有新的廠房將會為未來挹注穩定的收益,然而實際上並沒有。

公司顯然對於資金成本控管的能力不佳,工程接了這麼多,都是賠錢在做,這暴露出當初標案的金額可能有問題

表2　山林水2017年第2季起連續衰退22%以上

山林水（8473）季度獲利

季度	營業收入（百萬元）	稅後淨利（百萬元）	EPS（元）	稅後淨利年增率（%）
2016.Q1	544	134	1.12	26.4
2016.Q2	481	113	0.95	22.8
2016.Q3	545	108	0.87	22.7
2016.Q4	699	134	1.08	131.0
2017.Q1	666	142	1.08	6.0
2017.Q2	601	84	0.63	-25.7
2017.Q3	618	84	0.63	-22.2
2017.Q4	867	103	0.78	-23.1
2018.Q1	1,013	108	0.81	-23.9
2018.Q2	1,054	84	0.64	0
2018.Q3	1,082	95	0.72	13.1
2018.Q4	1,389	80	0.61	-22.3
2019.Q1	1,072	43	0.32	-60.2
2019.Q2	1,225	106	0.78	26.2
2019.Q3	1,093	71	0.52	-25.3
2019.Q4	1,057	85	0.63	6.3
2020.Q1	1,095	126	0.93	193.0

資料來源：XQ 全球贏家

（低價搶標），要不然就是公司內部的成本控管有問題。
而且，工程案件通常達數年，在未來 3 ～ 5 年，公司營運
充滿不確定性；再加上我也擔心將來承接馬來西亞工程又
要虧錢，不接還好，就怕接愈多賠愈多。

所以在 2019 年 5 月底季報出爐後，我果斷執行賣出山
林水股票，之後轉進崑鼎（6803）、德麥（1264）、日
友（8341）、中華食（4205）和大地 -KY（8437）。

當時我是用過去 3 年的狀況來評估，公司如果有學到經
驗，以後獲利暴增，股價大漲，那就是我判斷錯誤；即使
如此也沒關係，對我來說，山林水已經成為我難以預測的
公司，我不想每 3 個月要公布季報時提心弔膽。因此我寧
可先下車，改買其他讓我更安心的持股。

重點3》去蕪存菁，留下好股、賣掉賠錢股

如果你有按照我的方法去建立好股票的投資組合，那麼
賣股票的原則，只需要遵守前述 2 個重點。不過，若你手
中還有其他股票，在決定賣出的時候，千萬要記得「去蕪

存菁」！不要把好股票賣掉，卻留下賠錢的股票。

　　分享兩個例子。在我還在學校代課的期間，有很多同事和朋友也買進了 38 元的中華食、50 元的日友和 68 元的大統益（1232）。但很可惜的是，他們都在股價上漲 10% 左右就出脫持股；其中一位同事以 60 幾元買進潤泰新（9945），卻任由它跌破 30 元而不處理。

　　還有一位朋友在 2018 年 8 月 13 日透過 Facebook 傳訊息給我：「老師，我進股市 1 年，你的股票我都不擔心，但我看到新聞說旺宏（2337）業績不錯，我就在 47 元買進旺宏，目前套在 47 元，讓我了解股票真的不能亂買。原本期待 9 月解套換日友，結果旺宏今天跌停（跌停價為 35.5 元），我剛有個衝動想賣日友救旺宏。不打擾老師，只是現在有點難過。」

　　這兩個例子，其實就如同摘掉茂盛的花朵，卻在雜草堆澆水一樣。我們應該想像一下，如果你開了兩家店，一家麵店生意興隆，客人都要排隊才能進店消費，獲利豐厚；而另一家冰店生意慘淡、損失慘重，就這樣經過了 2 年，

狀況都沒有改善，你會怎麼做？

　　要把麵店獲利了結，然後收起來去「救冰店」嗎？如果你也是這樣做生意或投資股票，應該賺不到大錢。要是我的話，我會把冰店收起來，然後擴大麵店的投資。

　　許多投資人常會犯的錯誤，就是「摘掉茂盛的花朵，然後在雜草堆裡澆水」，但我們必須要做相反的事——讓美麗花朵盡情綻放、盡快剷除雜草才對。

　　也就是說，當你持有的公司護城河不斷加深、加廣，獲利持續上升，應當抱緊持股。投資就是要讓獲利的股票能夠盡情高升，並且讓虧損盡速了結。在某檔股票賠錢，不見得一定要從同一檔賺回來；在冰店虧的錢，也不見得一定要從冰店賺回來，從麵店賺回來也是可以的。

　　我買賣股票的方法大家都知道，我很樂意分享我怎麼累積股票資產。一開始看好的股票轉差了，讓我沒有賺到錢，我也不怕讓大家知道。投資的路上總會有荊棘，我們要做最好的準備，盡量降低受傷的機率，並且避免在同樣的地

方受傷。經驗累積多了，不論是選股、評估公司獲利變化、判斷買賣點，都將會愈來愈成熟，距離致富的目標也將愈來愈近。

第5章 | 華倫存股標的
優勢全解析

5-1 ▶ 定存股》電信三雄、中保科 股災時的資金水庫

我喜歡獲利、股利都能穩健成長的公司,不過在我的投資組合當中,一定會有一部分的部位是電信三雄及中保科(9917)。這幾檔股票現金殖利率沒有特別高,也不是很會漲,但是股性相對穩定。對於手頭沒有太多現金的我來說,相當於一種資金水庫,我將它們視為「定存股」。

基本優勢》提供消費者基本需求,本業長期穩定

電信三雄指的是台灣前三大電信公司:中華電(2412)、台灣大(3045)、遠傳(4904)。以營收與獲利規模來說,中華電仍然最大——2019年中華電年度營收2,075億元,台灣大則約1,244億元,遠傳為838億元;年度稅後淨利則分別大約為328億元、125億元、87億元。

如果從趨勢來觀察,電信三雄的整體營收與獲利趨勢在

2015 年～ 2019 年是呈現下滑趨勢的。但我為什麼還是會將它們作為我的投資組合基本部位？主要原因還是在於電信公司的本業，仍然會繼續滿足消費者的基本需求。

電信三雄近年的營收獲利減少，主因是主要獲利來源「行動通訊」業務，其資費方案走入殺價競爭態勢。不過，現在大家幾乎人手一支智慧型手機，就算愈來愈少講電話，每支手機也都要綁一個門號才能使用上網方案。而不管是新辦門號或攜碼到其他電信公司，相信多數人還是會以電信三雄為優先選擇。

根據 2019 年度的資料，中華電市占率 37.9% 居冠，遠傳占 25.6%，台灣大則占 25.1%，合計約 88.6%（詳見圖 1），一共占據了台灣將近 9 成的行動通訊市場，擁有明顯的寡占優勢。

競爭者亞太電（3682）、台灣之星（未上市），仍難與電信三雄匹敵，其中亞太電自 2014 年～ 2019 年已連續虧損 6 年。也就是說，如果你同時持有電信三雄的股票，等於能同時享有絕大部分的行動通訊市場獲利。

另外，中保科是台灣最大保全業者——中興保全，公司的全名在 2019 年 7 月更名為「中興保全科技股份有限公司」。中保科有半數營收來自電子系統保全收入（截至 2019 年），營收與獲利規模都明顯勝於競爭者新保（9925）。

中保科在 2007 年之前，年度營收還在 100 億元以下，後來步入穩健經營軌道；近年（2014 年～ 2019 年）年度營收約為 130 億～ 134 億元，年度稅後淨利則約 20 億～ 21 億元（2016 年除外，當年第 4 季認列復興航空虧損而出現明顯的一次性獲利衰退），營收與獲利雙雙表現穩定。

前景展望》電信股5G頻譜支出，影響短期獲利

再來評估未來的發展。電信股是一種公用事業、特許行業，它的優勢也是劣勢，那就是缺乏「定價能力」。所謂定價能力是指公司調整售價的能力，像是日友（8341）、中華食（4205）若遇到成本上揚，由於寡占地位強，比較可以漲價，將上升的成本轉嫁給消費者。

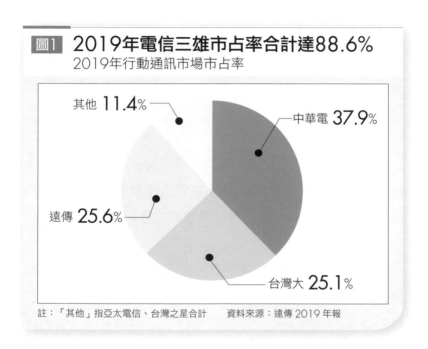

圖1 2019年電信三雄市占率合計達88.6%
2019年行動通訊市場市占率

其他 **11.4%**

中華電 **37.9%**

遠傳 **25.6%**

台灣大 **25.1%**

註:「其他」指亞太電信、台灣之星合計　　資料來源:遠傳 2019 年報

　　不過,電信公司受到政府限制,電信費是不能任意漲價的。而由於國內 4G(第 4 代行動通訊)市場邁入飽和,市場上 5 家電信公司(電信三雄、亞太電信、台灣之星)為爭搶彼此的客戶,在 2018 年陷入殺價競爭,也使得獲利受到衝擊。

　　展望未來,電信股正要迎接 5G(第 5 代行動通訊)時代。

講白話一點，5G 能夠提供超高速的網路環境，不只是線上聽音樂、看電影、視訊通話更加便利，更可望將物聯網、車聯網、工業自動化、遠距醫療……等概念落實到實際生活當中。

5G 被視為人類自從發明電力以來最偉大的創舉，可預期將來所有科技應用都要利用 5G 的高速聯網。因此，不只一般個人用戶，所有公司都會尋求電信公司的 5G 服務。

由於 5G 頻譜標金所費不貲，2020 年 1 月第 1 階段商用頻譜的釋照，電信三雄在熱門頻段 3.5GHz 部分，仍然搶占最多的頻寬。3.5GHz 頻段目前是國際主流，政府釋出頻寬較多，且相關設備也較為成熟，因此是電信公司爭搶的熱門頻段。

2020 年初的競標結果，中華電信得標頻寬 90MHz 居首，其次為遠傳標得 80MHz，台灣大則為 60MHz，台灣之星為 40MHz（詳見表 1）。而 2021 年～ 2023 年，還有第 2 階段商用頻譜以及 5G 專網頻譜的競標。未來幾年，電信三雄必須分期攤提頻譜標金的支出，以及承擔設

表1 **5G的3.5GHz頻段，中華電搶得最大頻寬**

第1階段5G商用頻譜競標結果

公司	3.5GHz頻段		2.8GHz頻段	
	得標頻寬 （MHz）	得標價 （億元）	得標頻寬 （MHz）	得標價 （億元）
中華電 （2412）	90	456.75	600	6.18
遠　傳 （4904）	80	406.00	400	4.12
台灣大 （3045）	60	304.50	200	2.06
亞太電 （3682）	N/A	N/A	400	4.12
台灣之星 （未上市）	40	197.08	N/A	N/A

資料來源：國家通訊傳播委員會

備的折舊，獲利與股息也可能出現下滑。

那麼，為什麼我還是對電信三雄有信心？原因正是「即使5G要花錢，但是電信三雄的寡占優勢仍然不變」。

5G發展尚未成形，我們就慢慢觀察，如果真的很擔心公司獲利本業衰退，那就不妨留意電信公司是否有「第二成

長曲線」。

記得在 5G 首波頻譜競標結束後，遠傳在 3.5GHz 搶到 80MHz 頻寬，比台灣大的 60MHz 更多；而市場普遍認為電信公司至少需要擁有連續的 80MHz 頻寬，才能提供用戶標準的 5G 體驗。因此遠傳總經理就取笑台灣大，說未來只有「電信二雄」，沒有三雄了。結果台灣大總經理則回擊表示，未來確實只有電信二雄，因為 2020 年 1、2 月的財務數字，只有台灣大的營收和獲利呈現年成長。

為什麼台灣大可以成長？原因就在於台灣大視為第二成長曲線的轉投資公司富邦媒（8454）。富邦媒即為富邦 momo 購物網，台灣大透過 100% 持股的大富媒體公司，持有富邦媒約 45% 股權。而富邦媒自 2014 年以來的營收、獲利、股價都有大幅成長，2019 年貢獻台灣大高達 11.17% 的獲利。

那麼中華電和遠傳呢？先看遠傳，2019 年獲利貢獻度最大的子公司為「遠通電收」，也就是電子道路收費（ETC）系統商，不過僅貢獻遠傳 1.88% 的獲利。至於中

華電，2019 年獲利貢獻度最大的子公司為電訊公司是方（6561），不過也僅貢獻中華電不到 1% 的獲利。

以現階段來看，台灣大從子公司獲得的收益較為可觀，但未來會怎麼發展都還是未知數。以獲利成長性來看，台灣大的表現確實比較好，也是我目前持股部位較多的電信股。但是中華電的股性特別抗跌，最符合定存股概念。遠傳則有未來 5G 的想像力。如果真的不知道怎麼選擇，不妨就像我一樣，3 家同時持有，就不用那麼煩惱了。

最後簡單談一下中保科。從 2017 年～ 2019 年的財報數字觀察，中保科的獲利成長性還不明顯。不過，中保科積極擴展業務，從原有的保全業務，逐步拓展到智慧家庭、社區與城市。值得一提的是，中保科早在 2014 年底就開始推出物聯網系統，而後更擴大布局相關的整合服務，具有不錯的發展性，因此我仍然視之為定存股。

存股策略》基本部位領股息，股災時改買跌深股

基本上，我一直都持有中保科和電信三雄的股票。其中，

電信股雖然有較多支出而影響獲利，不過放眼未來，不管是企業或個人，都會愈來愈依賴高速網路需求，獲利會有基本的穩定度。

再從現金股利來看，以 2020 年 5 月 4 日的股價計算，除了中華電的現金殖利率不到 4%，台灣大、遠傳、中保科都有 4% 以上（詳見表 2）。假設同時各持有 1 張，2020 年就有將近 4.5% 的現金殖利率。

再者，電信股非常容易出借，賺取額外借券收入，雖然年利率不高，但是每年還是可以幫我額外增加年利率約 0.1% 到 0.5% 的報酬。

我會將電信三雄和中保科視為定存股，意思是我把它們當成「投資部位當中的定存部位」。也就是說，我在預留一筆大約 1 年的家用生活費之後，其餘資產（不含自住房屋）都投入股票投資。

股票投資的部位，有一部分我就是保留給定存股，平時沒事就領股息。只有遇到 2 種時機，才可能賣出定存股：

表2 **4檔定存股組合，平均現金殖利率逾4%**

4檔定存股2019年獲利與配息概況

	EPS（元）	現金股利（元）	2020.05.04股價（元）	現金殖利率（％）	本益比（倍）
中華電（2412）	4.23	4.226	109.0	3.88	25.77
台灣大（3045）	4.51	4.750	108.0	4.40	23.95
遠傳（4904）	2.68	3.250	66.7	4.87	24.89
中保科（9917）	4.85	4.000	86.6	4.62	17.86

註：1.股價、現金殖利率、本益比日期為2020.05.04；2.本益比計算方式為「股價／近4季累積EPS」；3.2019年現金股利於2020年發放
資料來源：台灣證券交易所、公開資訊觀測站

1. 股災時調節換股：遇到股災時，定存股的跌幅相對小，所以我會賣掉一部分，改買其他股票，替整體投資部位創造更大的報酬率。像是2020年3月股災，我有幾檔持股跌幅都超過20%，而中華電從農曆春節前的封關收盤價109.5元（2020年1月20日），最低也只跌到103元（2020年3月13日），跌幅僅5.9%（詳見圖2）。甚至在大盤跌到波段最低點8,523點那天（2020年3月19日），中華電還收在105.5元。當時我就有賣出幾張

中華電，買進其他跌更深的成長股。

2. 欲買進新標的但缺乏現金時：當我發現具有成長性的新標的，且股價正適合買進，手中卻無其他閒錢時，我也會賣掉一部分定存股來換成新發現的股票。

那麼，什麼時候我會再把賣掉的定存股買回來？當我領到了股息或借券收入，且手中其他持股都漲高到我不敢追的價位時，我就會把錢拿去買沒什麼上漲的定存股。

這就像有一派投資人會利用「股債平衡法」去做資產配置的調節，但因為我對債券沒有特別研究，在此就不贅述。我目前還是只買股票，所以只會在不同股性的股票之間做調節。

而定存股抗跌歸抗跌，任何股票遇到股災都還是會跌，為什麼不乾脆保留現金就好，還不會損失本金？我認為，現在處於低利率環境，假設 10 萬元定存在銀行 1%，每年只能領利息 1,000 元，要放 100 年才能領到相當於 10 萬元本金的利息（本金 10 萬元／定存利息 1,000 元＝

圖2 2020年3月股災時，中華電僅小跌5.9%

中華電（2412）股價走勢圖

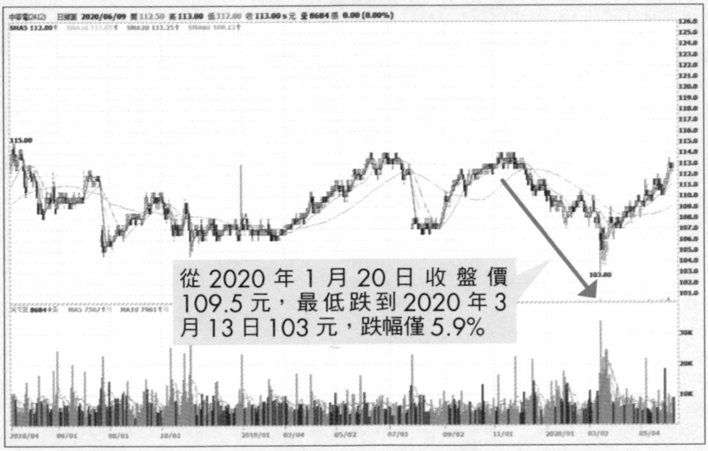
115.00
103.00
從 2020 年 1 月 20 日收盤價 109.5 元，最低跌到 2020 年 3 月 13 日 103 元，跌幅僅 5.9%

註：資料日期至 2020.06.09　　資料來源：XQ 全球贏家

100 年）。但是，如果 10 萬元拿去買定存股，假設平均每年領到 4,500 元股息，只要 22 年多就能回本（本金 10 萬元／股息 4,500 元＝ 22.2 年）。

因此，我認為買這種定存股，比把錢放在銀行定存好太多了。儘管大盤上漲時，定存股不太會漲，發生股災時也不會跌太多，對於整體資產有穩定的效果；平時有助於心

情穩定，股災時也有資金運用的彈性，有助於安心度過股災。也因為這樣，不管股災時跌得多深，我也不會為了調節，而把所有定存股出清改買成長股。

一般的小資上班族，當看到很多股票都漲高了，就可以每月定期定額買進定存股的零股，既可以平均成本，也能趁機建立基本部位。

5-2 ▶ 穩健成長股》德麥
以台灣經驗進軍中國市場

　　台灣最大烘焙原料供應商德麥（1264），是我從 2016 年底開始投資的標的，目前是我的前 3 大持股之一（截至 2020 年 6 月 5 日）。

　　這是一家低調的好公司，只是在股市當中的成交量不大（詳見圖 1），是名副其實的冷門股；也正因為如此，股性相當溫和，現金殖利率也穩定，是我投資部位裡「穩健中求成長」的重要持股。

　　德麥在 1989 年成立，是從烘焙設備大廠新麥（1580）旗下的原料部門獨立出來，創辦人為德麥現任總經理吳文欽先生。

　　初期成立時，德麥主要是代理進口荷蘭烘焙原料大廠 Zeelandia 的產品。由於德麥當時規模小，商品進口之後，

必須透過中游經銷商販售給最下游的麵包店。然而，這樣的銷售模式卻難以帶來獲利，因此德麥在經營初期飽受虧損之苦。

德麥決定改變策略，跳過經銷商，直接與下游的麵包店客戶接觸，自行建立業務團隊和物流車隊服務客戶，並且持續擴展代理進口的品項。其中一項關鍵產品──由日本公司田中食品興業所（TANAKA FOODS）發明的「大理石麵包」內餡，成為德麥在 1995 年轉虧為盈的關鍵。

基本優勢》台灣90%烘焙業者皆為其客戶

德麥在營運上軌道之後，引進更多元的國外知名大廠烘焙原料，包括代理比利時愛迪達（Aldia）公司生產的水果餡、日本製粉株式會社（NIPPN）的高級麵粉等；也引進歐洲巧克力原料、乳酪、奶油等產品。同時，德麥也聘有烘焙師，不間斷地研發烘焙產品，並提供麵包店技術輔導。2012 年更成立工廠，自製烘焙原料預拌粉。

根據德麥在 2019 年的統計資料，公司從歐洲、美國、

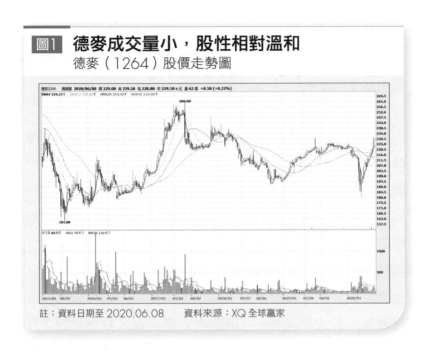

圖1 **德麥成交量小，股性相對溫和**
德麥（1264）股價走勢圖

註：資料日期至 2020.06.08　　資料來源：XQ 全球贏家

日本、澳洲等國家所進口的世界知名品牌逾 70 家，也持續自行研發多樣烘焙產品，提供的產品超過 1 萬 2,000 個 SKU（Stock Keeping Unit，為公司管理商品之最小單位）。

比起上戰場打仗，供應子彈的公司更容易賺到錢，德麥就是屬於這種供應子彈的公司。在台灣，不管是獨立麵包店、連鎖麵包店、飯店烘焙坊、知名餐廳或高檔飯店，甚

至是量販賣場,都有德麥的客戶,覆蓋率高達 90%。換句話說,你到 10 個不同的地方買麵包,10 家店有 9 家都會使用德麥的原料。

若以派特‧多爾西(Pat Dorsey)撰寫的《護城河投資優勢》書中所提到關於護城河的分類,德麥逐漸建立起的優勢可以歸類為「規模經濟」和「無形資產」當中的品牌優勢,以及「高轉換成本」,這也是德麥得以長時間維持台灣烘焙原料供應商龍頭地位的競爭力。

德麥在客戶方面的覆蓋率高、客源穩定,長年來已經建立起強大的規模經濟,讓德麥得以維持長久且穩定的進貨量,也能夠享有較低的成本。因此,即使近幾年來國際原物料價格波動劇烈,德麥也有辦法維持一定的毛利率(詳見圖 2)。

也由於德麥在台灣市場已建立起強大品牌力,假設今天你要開一家麵包店,準備找原料供應商合作,自然會優先選擇市場上最大、最有品牌聲望、貨源齊全的供應商。具有品牌優勢的德麥,自然能成為眾多烘焙業者的合作對象

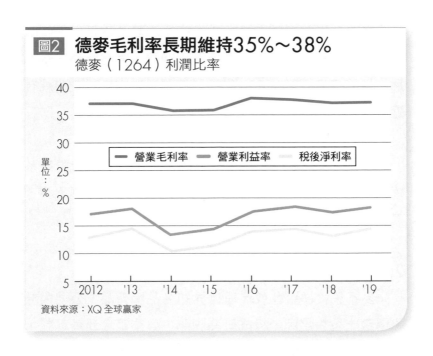

圖2 **德麥毛利率長期維持35%～38%**
德麥（1264）利潤比率

資料來源：XQ 全球贏家

首選。再加上德麥的烘焙師技術團隊的研發優勢，每年都
會推出新產品，也讓下游客戶有著難以轉換的黏著度。

　　德麥的經營模式獨特，我認為有 3 個特點，是這家公司
能夠持續維持優勢的重要原因：

1.自組業務團隊與物流系統

「通路為王」是德麥成功的重要決勝點，不是透過經銷商，而是自行組建龐大專業的業務團隊，直接服務下游客戶。根據德麥 2019 年的統計，專職服務客戶的業務就有近百位。

除了自行掌控通路，德麥更擁有自己的低溫物流配送系統，而非委外配送。客戶當日下單，德麥就當日配送出貨，提供高效率的物流服務。

2. 不只賣產品，更提供服務

德麥不只積極引進或代理世界知名品牌產品，公司內部聘用數十位烘焙師，組成研發團隊，專業範疇涵蓋麵包、西點、巧克力、中式糕餅與西式餐飲等，不定期到國外考察，每年也持續研發出新產品，並且透過定期的烘焙教室講習，傳授客戶烘焙技術。公司也給予客戶產品與技術諮詢，並提供產品文宣等售後服務。

德麥所做的事，明顯已超越了原料供應商會做的事。對客戶而言，德麥不僅僅是原料供應商，更像是「烘焙智囊團」，甚至是業務顧問的角色。

表1 德麥2019年稅後淨利比7年前高1倍

德麥（1264）營收與獲利表現

年度	營業收入（億元）	營業利益（億元）	稅後淨利（億元）
2012	18.63	3.18	2.36
2013	20.31	3.65	2.81
2014	34.83	4.64	3.20
2015	38.89	5.50	3.99
2016	37.94	6.49	4.46
2017	36.75	6.68	4.52
2018	39.58	6.90	4.47
2019	40.76	7.23	4.73

資料來源：XQ全球贏家

3.產品線廣，客戶得以一站購足

德麥的產品線相當廣，除了麵包、中西式點心的原料如麵粉、預拌粉，也有巧克力、餡料、乳酪、鮮奶油……等，甚至連包材、模具都有。相比其他供應商只提供特定類別產品，德麥可以滿足客戶「一站購足」的便利性。

查看德麥自2012年～2019年的營收與獲利表現（詳見表1），2012年時德麥的年度營收不到20億元，2013年起逐漸成長，2019年已經逾40億元，7年成長

近 1.2 倍。

　　而營業利益與稅後淨利也隨營收增長。以稅後淨利來看，2019 年為 4 億 7,300 萬元，比 7 年前高出 1 倍；換算下來，這 7 年，稅後淨利約以每年 10% 的速度穩健成長。

　　2020 年第 1 季，全球都受到新冠肺炎疫情的衝擊，不過德麥依然繳出了獲利微幅成長的成績單，單季稅後淨利 1 億 1,000 萬元，略高於去年同期的 1 億 800 萬元，表現相當亮眼。

　　德麥除了在台灣站穩腳步，也有計畫地開發境外市場。自 2003 年起，就陸續進入香港、馬來西亞、中國、泰國等市場。2014 年，又取得中國芝蘭雅烘焙原料公司（位於中國江蘇省無錫市，以下簡稱無錫芝蘭雅）的 50% 股權，繼續擴大中國市場的布局。

　　中國的無錫芝蘭雅，其實是德麥與荷蘭烘焙原料大廠 Zeelandia 合資成立的公司。德麥在取得 50% 股權後，更積極擴展中國通路，漸漸出現成效。

前景展望》中國市場潛力大，為重要成長動能

放眼未來，德麥還有沒有成長機會？這就要分別從台灣市場和海外市場來觀察。

先看台灣。台灣烘焙產品種類繁多，占國人一般飲食的比重也不小，再加上台灣的觀光產業方面，有旅客消費、購買伴手禮等需求，使台灣的烘焙市場多處在穩定成長的狀態。可以看到各大賣場包括全聯、大潤發、家樂福等，都設有烘焙專區；7-Eleven 和全家等 4 大超商，也有販售麵包、蛋糕。德麥從 2018 年起，對於賣場和超商通路也開始著墨，目前也承接不少全聯代工廠的單子。

平心而論，台灣的烘焙市場已經趨於成熟，未來要再有爆發性的高成長實屬不易。再加上近年中國旅客來台人數減少，影響觀光通路的業績，2019 年德麥的台灣市場甚至出現微幅衰退。

德麥為提升業績，仍持續引進新品牌。2019 年底已經與法國乳品領導大廠 Savencia 簽下總代理合約，引進「Elle

& Vire（愛樂薇）」及「LESCURE（藍絲可）」兩大頂級奶油品牌。而德麥在 2019 年台灣也有貝果工廠完工，另外也切入飲品店通路供應飲品原料，我們可繼續觀察德麥的台灣市場能否繼續成長。

至於海外市場，就是德麥未來最重要的成長來源了，其中又以中國市場為主。直接看德麥的中國子公司無錫芝蘭雅，2016 年起曾經遭遇離職員工自立門戶搶客戶的挑戰，業績一度陷入衰退。

所幸，公司以部分產品適當殺價競爭、同時引進新產品以提高競爭力，無錫芝蘭雅成功在 2017 年 9 月開始恢復正成長。2018 年、2019 年，無錫芝蘭雅分別貢獻德麥 7,750 萬元、8,938 萬元，各有 36%、15% 的年成長，連續大幅成長了 2 年（詳見表 2）。

再觀察德麥的財報，無錫芝蘭雅的營收與獲利占比也逐漸提高，貢獻給德麥的獲利比重，在 2014 年時只有 11.16%；到了 2018 年、2019 年，分別提升至 17.37%、18.91%。這使得德麥在台灣市場出現微幅衰退

表2 **近2年來無錫芝蘭雅貢獻德麥獲利比重提高**

無錫芝蘭雅貢獻德麥獲利金額及比重

年度	無錫芝蘭雅貢獻獲利		德麥稅後淨利（萬元）	芝蘭雅貢獻德麥獲利比重（％）
	金額（萬元）	年增率（％）		
2014	3,569	—	31,978	11.16
2015	2,769	-22	39,909	6.94
2016	5,946	115	44,555	13.35
2017	5,684	-4	45,170	12.58
2018	7,750	36	44,628	17.37
2019	8,938	15	47,258	18.91

資料來源：公開資訊觀測站

的狀況下，2019年整體業績仍然出現正成長。

　　未來，中國市場有 2 個成長關鍵：

關鍵1》市場本身的成長

　　由於中國城鎮化持續提高，且受到中美貿易戰影響，中國經濟正朝向內需市場轉型。人民的所得、購買力有提高趨勢，對於高品質的烘焙產品需求也日益提高。像是中國的新式烘焙店、茶飲店（咖啡、茶搭配甜麵包）快速崛起，

這些都是德麥的目標客戶，龐大的潛能值得期待。

從德麥所提供市調機構 Euromonitor 的統計，2012 年～ 2018 年中國烘焙市場規模的年複合成長率將近 12%，未來數年也可望有 13% 的成長。

關鍵2》德麥穩健擴廠與積極開拓通路

為因應未來公司成長所需，德麥在 2019 年開始設置新廠，廠房預計 2020 年底完工，2021 年第 2 季可以投產，產能最大可以增加 2.5 倍。

另外，德麥也積極在中國開枝散葉。德麥重要戰略夥伴之一：「爸爸糖手工吐司」在 2018 年～ 2019 年崛起，2019 年底已達到 240 家門市據點。

2020 年，新增中國溫州的一鳴客戶。一鳴以販售鮮奶起家、現有約 1,800 家「一鳴真鮮奶吧」門市，預計 2022 年底前，要展店至 4,500 家。該公司在烘焙產品的項目包括：空氣蛋糕、瑞士捲、戚風類、海綿蛋糕……等。另外，中國西南地區烘焙名店「惠誠滋知（貴陽高新惠誠

食品有限公司旗下品牌）」，年營業額約人民幣 10 億元，產品有老婆餅、超柔米吐司粉、雜糧麵包⋯⋯等，也是德麥的客戶。

值得注意的是，擁有豐富烘焙教育經驗的德麥，也計畫與中國的烘焙學校展開合作，準備布局相關教育體系。

接下來，我們就可以觀察德麥能否擴大客戶覆蓋率、是否能夠成功切入烘焙教育，將台灣經驗擴大複製，以擴展市場版圖。

再來看看德麥在其他市場的布局。德麥曾在 2013 年進軍泰國，只是發展未如預期，已在 2017 年將泰國子公司出售。目前順利運作的是馬來西亞和香港子公司，雖然兩個市場的營收與獲利占比仍低，但這兩個市場仍是處於緩步成長的軌道上（詳見表 3）。

尤其是馬來西亞市場烘焙產品不算普及，隨著當地飲食慢慢西化，未來仍有很大的成長空間。而在馬來西亞隔壁的印尼，也將是德麥下一步要進軍的市場。2020 年 4 月

15 日德麥董事會決議，將在 2021 年於印尼設立子公司。除此之外，德麥也將觸角伸往美國，德麥美國子公司於 2020 年 3 月成立，初期的客戶預計是 85 度 C 和聖瑪莉。

有鑑於之前德麥進軍泰國失敗的先例，這次德麥進軍美國和印尼市場改變了做法。當年去泰國，德麥是以參股方式進去，德麥沒有主導權，而且語言文化也有隔閡。這次進軍美國和印尼，是起用當地華僑為經理人，經理人先回德麥受訓、了解德麥經營文化之後，才會開始營運。根據德麥初步規畫，印尼和美國市場經營初期，會以台灣產品出口到當地，類似現在的馬來西亞和香港分公司的營運模式。未來能否成為德麥另一條成長曲線，也值得我們關注。

存股策略》殖利率5%以上可買進

目前德麥在台灣烘焙市場地位不墜，且烘焙業不受景氣影響，更不受升降息影響，市場本身相對穩定。

像是 2020 年第 1 季新冠肺炎疫情，雖然台灣的餐飲通路生意因觀光人潮大減而受挫，不過消費者還是會去麵包

表3 **馬來西亞及香港分公司獲利貢獻緩步成長**

馬來西亞、香港分公司貢獻德麥獲利金額及比重

年度	馬來西亞德麥		香港德麥	
	金額（萬元）	貢獻德麥獲利比重（%）	金額（萬元）	貢獻德麥獲利比重（%）
2014	964	3.0	1,233	3.9
2015	754	1.9	2,409	6.0
2016	791	1.8	2,475	5.6
2017	1,302	2.9	2,484	5.5
2018	1,505	3.4	2,860	6.4
2019	1,794	3.8	3,047	6.4

資料來源：公開資訊觀測站

店、量販店買麵包，業績影響不大。同期間中國生意雖然明顯衰退，短期也有可能發生小型店家倒閉、導致呆帳無法收回等問題。

不過，無論是疫情使銷售成績下滑，或認列呆帳虧損而影響獲利，這些問題都是一次性的。等到回歸正常生活，相信德麥又會回到正常的成長軌道。就像是一匹良駒因為生病，短期無法出賽，但等到牠復元之後，仍舊會是賽馬界的冠軍。

　　也有人擔心，烘焙產業使用各種原料，如果遇到食安風暴會不會有危險？事實上，過去台灣發生 2011 年塑化劑與 2013 年毒澱粉等食安風暴，德麥都全身而退。而且，德麥所代理的產品多是國外歷史悠久的大品牌，德麥本身也有研發團隊、工廠，產品線豐富，不容易因為單一產品而受到影響。此外，德麥自己也設有實驗室，只要做好品質把關、繼續維持強大的經銷通路，再加上吳總（吳文欽）的行銷點子和邱財務長（邱俊榮）的執行力，德麥仍然是大有可為。

　　有參加過德麥股東會的投資人想必都能認同，德麥的吳總和邱財務長為人謙虛有禮，做事態度務實，不會亂開支票。像是 2019 年股東會，德麥就有提到要進軍美國及印尼，2020 年果然兌現了。而且，德麥控管成本的能力強（可從德麥維持穩定的營業利益率窺知一二），非常珍惜股東的每一塊錢。德麥的業務人員出差都是住舊旅館，相較於都讓業務人員住大飯店的公司明顯不同。

　　對於心臟小顆、不能忍受股價過大波動的存股族，德麥就是很好的選擇。以股利政策來看，從 2014 年到 2019

表4　德麥連續6年股息維持10元以上

德麥（1264）獲利與配息概況

年度	EPS（元）	現金股利（元）	股票股利（元）	股價（元）	現金殖利率（%）	本益比（倍）
2014	11.42	10.0	—	225.0	4.44	19.70
2015	13.33	11.0	—	190.0	5.79	14.25
2016	14.54	10.0	1	252.5	3.96	17.37
2017	13.41	10.5	—	220.0	4.77	16.41
2018	13.27	11.0	—	214.0	5.14	16.13
2019	14.02	11.0	—	211.0	5.21	15.05

註：年度為股利所屬年度，股價、現金殖利率與本益比取自隔年5月第1個交易日
資料來源：證券櫃檯買賣中心、公開資訊觀測站

年，德麥已經連續6年發放10元以上的股息（詳見表4）。德麥邱財務長就曾在2018年底的法說會中表示，希望未來光是靠台灣市場的獲利，就能提供每年至少10元的配息。這也符合我「穩中求勝」的精神，台灣穩健，中國求勝，當未來台灣以外的市場穩健成長，應該也能夠期待股利的成長。

在我目前持有的投資標的當中，具有成長性但現金殖利率低，代表個股為日友（8341）；現金殖利率高但沒有成長性，以可寧衛（8422）為代表，那麼德麥就處於成長股

| 表5 | 德麥近3年平均本益比約15.51倍 |

德麥（1264）歷史本益比

年度	最高本益比（倍）	最低本益比（倍）
2016	15.92	13.21
2017	17.44	14.34
2018	17.15	14.50
2019	16.89	14.50
2020	16.54	13.46
2018～2020平均本益比（倍）	15.51	

註：統計日期截至 2020.06.03　　資料來源：XQ 全球贏家

和定存股之間了。德麥 2019 年度股息是 11 元，假設以 220 元以下的股價買入，就有 5% 以上的現金殖利率，又有成長性。

而德麥的股價並沒有太大的漲幅有很多原因：第 1，它是 200 元以上的高價股，一般人不喜歡買高價股；第 2，它是冷門股，成交量小，一般人不喜歡買賣；第 3，德麥大約一半的股票，是掌握在大股東的手裡（這裡指持股超過 400 張的股東）。而大股東本來就很少在市場廝殺買賣股票，通常都是共享公司的經營成果。

　　因此，如果你不是貪圖短線的價差，而是以長期投資的角度來看，我認為德麥是值得長期等待的。有興趣的存股者，如果擔心買貴，我認為現金殖利率 5% 是很不錯的條件。或是也可以參考本益比，等待股價在近 3 年平均本益比之下，都是相對划算的股價，可以利用零股定期定額慢慢建立持股。

5-3 穩健成長股》崑鼎 焚化處理龍頭跨入綠色產業

崑鼎（6803）是我的主要持股，我從 2013 年開始買進，營收、獲利、配息都相當穩定，是我存股組合當中相對穩健的股票之一。它屬於高價股，交易量小，也是所謂的冷門股，股性相當溫和（詳見圖 1）。

基本優勢》全台廢棄物焚化處理領導者

崑鼎全名為「崑鼎投資控股股份有限公司」，是中鼎（9933）集團的子公司，多年來營收與獲利穩定。2012年營收規模約為 35 億 3,800 萬元，稅後淨利 6 億 5,500萬元；2019 年營收規模已成長至 53 億 2,200 萬元，稅後淨利 8 億 1,100 萬元，7 年來營收與稅後淨利分別成長了 50%、23.8%（詳見表 1）。

換算下來，崑鼎 7 年來的營收每年成長幅度約 6%，稅後

圖1 **崑鼎股價較高、交易量小，屬冷門股**
崑鼎（6803）股價走勢圖

註：資料日期至 2020.06.10　　資料來源：XQ 全球贏家

淨利成長幅度則約 3%，成長性不算特別強勁，嚴格來說是屬於「緩慢成長」的類型。

不過，因為崑鼎的護城河寬廣，而且近年來也多有 85% 以上的現金股利發放率，現金殖利率也多有 5% 以上，因此是我的存股組合當中，穩定度次於「定存股」電信三雄及中保科（9917）的部位，也是相對高現金殖利率的基本

表1 **近7年來，崑鼎稅後淨利成長23.8%**

崑鼎（6803）營收與獲利表現

年度	營業收入（億元）	營業利益（億元）	稅後淨利（億元）
2012	35.38	8.48	6.55
2013	37.50	8.26	6.20
2014	39.25	8.63	6.79
2015	40.79	8.94	7.10
2016	49.56	16.27	8.48
2017	44.80	10.77	7.61
2018	48.47	11.29	8.07
2019	53.22	11.72	8.11

資料來源：XQ全球贏家

配備。

其實，崑鼎是投資控股公司，並不實際經營廢棄物處理事業，而是控有數家子公司，並且認列子公司的營收與獲利。以各事業營收占總營收比重來看，主要的營收來源是廢棄物處理以及售電收入（詳見圖2）。

崑鼎在國內共有9家子公司；其中，最主要的獲利來源共有5家，包括廢棄物處理事業的「信鼎」「倫鼎」及「裕

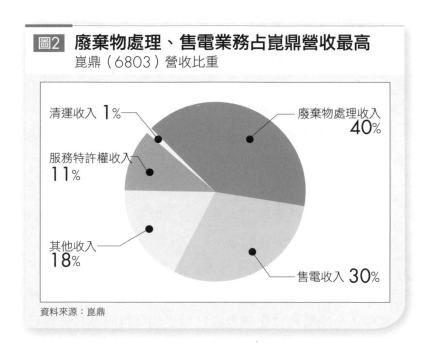

圖2 **廢棄物處理、售電業務占崑鼎營收最高**
崑鼎（6803）營收比重

清運收入 1%

服務特許權收入 11%

其他收入 18%

廢棄物處理收入 40%

售電收入 30%

資料來源：崑鼎

鼎」「暉鼎」（詳見圖3），以及太陽能光電廠營運事業的「昱鼎」。

信鼎》代操全台6座焚化發電廠

信鼎全名為信鼎技術服務公司，台灣一共有 24 座營運中的大型焚化廠，其中有 6 座是由信鼎代操營運，市占率 26%（以設計處理容量計算），且合約多為 20 年。合約

到期日前，信鼎都能夠持續有穩定收入。6 座代操營運的
焚化廠合約到期日如下：

　1. 台南市城西焚化廠：2020 年 4 月。
　2. 台中市政府環境保護局后里資源回收廠：2021 年 8
月。
　3. 桃園市垃圾焚化廠：2021 年 10 月。
　4. 倫鼎台中市政府 BOT 垃圾資源回收廠：2024 年 9 月。
　5. 基隆市垃圾資源回收場：2026 年 3 月。
　6. 裕鼎苗栗縣政府 BOT 垃圾焚化廠：2028 年 2 月。

　　其中，台南城西焚化廠合約已經到期，且因為焚化廠已
運轉 20 年、設備老舊，信鼎已於 2020 年 5 月取得城西
廠 3 年整改資格，將廠房汰舊換新。目前台南市政府也舉
辦多場公聽會，取得共識之後，3 年後有可能興建新的台
南生質能中心，也有可能繼續將城西廠延役，因此 3 年後
（2023 年 4 月）仍然有可能再進行招標作業。

　　另外，桃園市焚化爐將於 2021 年 10 月到期，後續
會興建桃園生質能中心（為崑鼎另一家子公司榮鼎負責此

圖3 **崑鼎有3家子公司位於廢棄物處理下游**
崑鼎（6803）4家子公司之廢棄物產業鏈位置

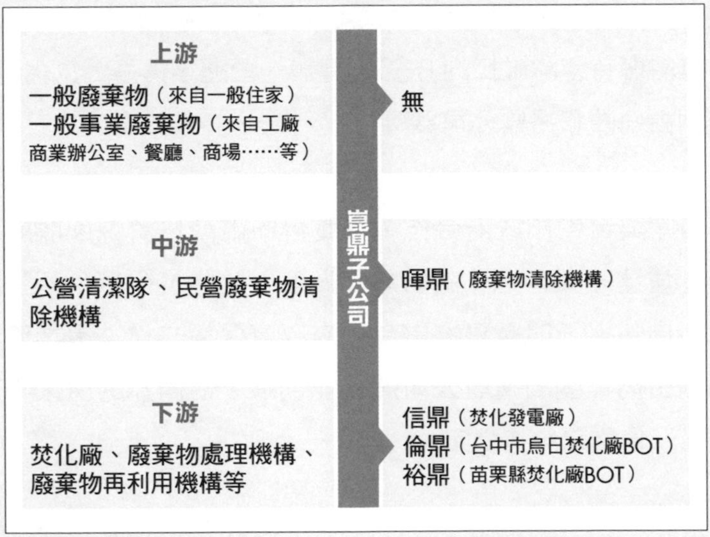

上游
一般廢棄物（來自一般住家）
一般事業廢棄物（來自工廠、
商業辦公室、餐廳、商場……等）

無

崑鼎子公司

中游
公營清潔隊、民營廢棄物清
除機構

暉鼎（廢棄物清除機構）

下游
焚化廠、廢棄物處理機構、
廢棄物再利用機構等

信鼎（焚化發電廠）
倫鼎（台中市烏日焚化廠BOT）
裕鼎（苗栗縣焚化廠BOT）

資料來源：崑鼎

BOT案），也將由信鼎代操營運，合約期限至 2044 年。

　　信鼎旗下另有子公司「瑞鼎廢棄物處理有限公司」在澳
門代操營運 2 座焚化發電廠；中國則有轉投資「祥鼎環保
技術服務（上海）有限公司」，主要業務為中國多座焚化

爐的監管工作，近年皆有獲利貢獻

倫鼎、裕鼎》負責全台唯二焚化廠BOT案

　崑鼎擁有全國唯二的 BOT（建設、營運、轉移）焚化廠，分別由倫鼎和裕鼎公司負責。

　倫鼎與台中市政府合作，負責台中市烏日資源回收廠和焚化爐建設與營運（由信鼎代操），並將焚化廠所產生的電力出售。一般廢棄物由台中市政府保證交付；事業廢棄物則由同集團的暉鼎公司清運並供應，使倫鼎的廢棄物處理量及售電量維持穩定。

　裕鼎則是與苗栗縣政府合作，負責苗栗縣焚化發電廠之建設與營運（由信鼎代操）。廢棄物主要由苗栗縣保證交付，而在 2019 年，裕鼎還增加處理了南投縣、新竹縣的廢棄物。

　這 2 家公司分別從 2004 年 9 月、2008 年 2 月開始營運，特許經營時間 20 年，也就是分別在 2024 年 9 月、2028 年 2 月到期，期間都不會面臨競爭問題。

暉鼎》甲級廢棄物清除公司，市占率29%

全名為暉鼎資源管理公司，為崑鼎100%持股。暉鼎是甲級廢棄物清運機構，處理範圍為一般廢棄物、一般事業廢棄物，以及有害事業廢棄物。

暉鼎除了將廢棄物運送至焚化廠，也承攬焚化廠爐底灰的運送服務，台灣知名企業台積電（2330）、群創（3481），分別在2019年、2020年起，將事業廢棄物交給暉鼎清運。

根據崑鼎的資料，暉鼎所處理的廢棄物，在台灣大型都市垃圾資源回收（焚化）廠委託民間機構代收受經營管理廢棄物總量，市場占有率為29%。

昱鼎》建置太陽能電廠，獲利連年成長

昱鼎全名為昱鼎能源科技開發公司，在崑鼎主要子公司當中最具獲利成長性。昱鼎這家公司主要經營電業級大型太陽能電廠發電售電服務，2011年由崑鼎與昱晶（3514）合資設立，原本各自持股50%，2018年9月崑鼎取得另50%股權，從此100%持有昱鼎。

　　昱鼎在台灣設置經營的太陽能電廠，主要是併入台灣電力公司的電網提供用電。在國內，昱鼎建置完畢，已經並聯發電的有 17 個專案（截至 2020 年 3 月）。專案類型含括地面型（台南城西掩埋場、台南新營掩埋場地面等活化再利用）、屋頂型（高鐵及捷運軌道系統、高雄港等）、浮水地面型（台南瓦窯水坤、嘉義內埔仔水庫等），而興建中的案子包括桃園捷運青埔站、高捷北機場、大寮廠……等共 17 個案子。

　　昱鼎也將事業觸角伸往國際，在美國紐澤西州成功興建蘭伯頓太陽光電廠（Lumberton PVPP），2016 年 4 月已開始並聯運轉。

　　上述 5 家主要子公司，信鼎對崑鼎的獲利貢獻度最高，2019 年度崑鼎稅後淨利約 8 億 1,100 萬元，信鼎就貢獻約 3 億 4,600 萬元（詳見表 2），占比達 42%。其次為倫鼎，貢獻約 2 億 4,100 萬元，占比近 30%。投資崑鼎的股東，就可以持續關注這幾家子公司的表現。

　　信鼎從事焚化廠代操營運，每隔幾年會碰到合約到期、

表2 **在崑鼎子公司當中，信鼎獲利貢獻度最高**

崑鼎（6803）子公司主要營運項目及獲利貢獻

子公司		崑鼎持股比重（%）	主要業務	貢獻崑鼎獲利（千元）			
				2016	2017	2018	2019
主要子公司	信　鼎	93.15	焚化發電廠	456,312	339,968	341,469	346,147
	倫　鼎	100.00	台中焚化爐BOT	276,911	289,110	270,002	241,400
	裕　鼎	75.00	苗栗焚化爐BOT	116,879	112,894	96,790	100,997
	暉　鼎	100.00	垃圾清運	37,634	44,366	58,674	54,127
	昱　鼎	100.00	太陽能發電	11,775	12,115	27,700	53,301
其他子公司	寶綠特	20.00	寶特瓶回收	-18,905	-6,615	554	18,465
	元　鼎	100.00	廢棄物清除	71	26	47	82
	榮　鼎	5.00	桃園生質能中心	—	—	-664	-722
	耀　鼎	90.00	廢IPA回收再利用	—	—	-6,312	381
	祥　鼎（上海）	93.16	焚化爐監管	6,769	8,510	6,260	7,244

註：1. 資料日期截至 2020.03.31；2. 祥鼎為崑鼎透過信鼎持有
資料來源：公開資訊觀測站

焚化爐老舊等問題。而合約到期後能否再展延，或是能否爭取到新的標案，就成為不確定的因素，這也是市場一向給予崑鼎較低本益比的原因。

前景展望》跨足資源循環及太陽光電領域

2016 年和 2017 年，信鼎就放棄了新北市新店焚化爐和新北市樹林焚化爐的競標，原因在於這兩座焚化廠設備老舊，就算標到，對長期營運也有風險。後來也的確造成信鼎的營收、獲利暫時下滑，股價也出現修正。2018 年信鼎獲利微幅回升，但是 2019 年又再度衰退，就是因為焚化爐老舊，使公司花費較多維修成本。

而以崑鼎整體來看，過去確實集中於廢棄物清除、焚化處理與售電，但是 2018 年～ 2019 年開始，崑鼎積極將營運範圍擴展到資源循環及太陽光電領域，開啟新的業績動能：

信鼎》承接太陽能廠及汙水處理廠代操營運

新北市在 2006 年自行興建管理的汙水處理廠「新北市林口水資源回收中心」，就在 2018 年 1 月交由信鼎代操管理，透過信鼎的技術，讓廢水得以回收再利用。目前信鼎共操作 9 座礫間淨化處理站，未來也可能爭取其他水處理專案。

　　信鼎也開始跨入太陽能廠代操營運，除了會承接昱鼎的案子，也會承接其他太陽能光電廠的代操營運案件。截至2020年3月，信鼎已承接國內48座太陽能電廠的代操營運。

耀鼎》從事廢溶劑回收再利用

　　耀鼎全名為耀鼎資源循環股份有限公司，2018年被崑鼎購併，由崑鼎持股近90%，主要業務是半導體製程當中廢異丙醇（IPA）溶劑的回收再利用。

　　2019年8月，耀鼎已拿到台南科學園區和中部科學園區再利用許可，並且開始收受台積電的廢IPA，也逐漸增加其他半導體廠客戶。2020年台積電5奈米製程放量後，可望有助於耀鼎的業績成長。

榮鼎》桃園生質能中心BOT案，代操收入可期

　　榮鼎全名為榮鼎綠能股份有限公司，是由崑鼎（持股5%）、長榮鋼鐵（持股70%）和中鼎工程（持股25%）合資成立，是與桃園市政府合作之BOT案「桃園生質能中心」，具備厭氧發酵、焚化廠、與底渣固化掩埋場3種設

施。這是國內最先進的焚化爐廠，業務包括大桃園市的垃圾焚化、廚餘和水肥生質能沼氣發電售電，焚化爐底渣處理再利用……等，預計 2021 年底完工營運，特許年限至 2044 年。

崑鼎雖僅持有榮鼎 5% 股權，但是桃園生質能中心未來會交由崑鼎旗下信鼎負責營運操作，可望帶來穩定的代操收入。

除上述之外，由崑鼎母公司中鼎與欣達環工公司合資的「藍鯨水科技公司」（以下簡稱藍鯨水），為鳳山溪再生水廠 BOT 案所成立的特許公司，營運期間為 2016 年至 2033 年。藍鯨水 2019 年獲利約 8,200 萬元，由中鼎持股 49%，2020 年底至 2021 年間，中鼎會將持有藍鯨水公司的股權移轉至崑鼎。

過去，台灣經濟成長大多來自於工業，例如鋼鐵業、石化業、電子業等，或多或少帶來環境汙染。為了兼顧環境保護和經濟成長，「綠色產業」逐漸受到大家重視，推動綠色產業成為各國的重要方針。而崑鼎跨入的資源循環領

域，包括廢棄物回收再利用、水處理等業務，正好符合世界趨勢。

存股策略》業績無衰退之虞下，可用3原則操作

我在 2012 年底開始留意到崑鼎這檔股票時，股價才142 元。在我研究這家公司期間，股價卻一路上漲，最高在 2013 年 12 月漲到 201 元。不過，因為我不喜歡追高買股票，所以我一直等到它下跌，才在2014年以165元～170 元買進，當時領到每股 9.01 元的配息，現金殖利率約 5.3%～5.4%。

從我買進崑鼎之後截至 2019 年度，現金股利都在 9 元以上（詳見表 3），現金股利發放率多在85%～90%區間。因此在持有期間，我還是會視情況加碼買進。

崑鼎的股票有 57% 掌握在母公司中鼎手裡，而包含中鼎在內、持有 400 張以上的大股東多達 67%（截至 2020年 6 月 3 日），可見崑鼎的籌碼相對穩定，股價波動也相對較低。

　　儘管焚化爐到期有失去合約的風險，但別人的焚化爐到期也有被崑鼎搶下的機會。而且，崑鼎旗下事業過去多集中在台灣焚化廠操作，如今事業版圖往國際擴展，並且跨足資源循環經濟領域，是一家穩中求勝的好公司。

　　因此，只要確認崑鼎的業績沒有長期衰退之虞，我會選擇用以下原則操作：

原則1》現金殖利率5%以上考慮買進

　　崑鼎最近 3 個年度（2017 ～ 2019 年度）的現金股利分別是 9.65 元、10.82 元、10.83 元；如果能在 192 元～ 216 元之間買進，現金殖利率可以維持在 5% 以上。

　　每年崑鼎大約是在 3 月初召開董事會，可以觀察董事會決議發放多少現金股利，就可以評估你買進的現金殖利率會是多少。崑鼎 5 月～ 6 月開完股東會之後，大多會在 7 月時除息。只要在 7 月之前買進，就可以領到期望中的現金股利。

　　如果是在當年除息之後買進，無法確認隔年會領到多少

表3 **2014年來，崑鼎現金殖利率皆在5%以上**

崑鼎（6803）獲利與配息概況

年度	EPS（元）	現金股利（元）	股票股利（元）	股價（元）	現金殖利率（％）	本益比（倍）
2014	10.55	9.26	—	175.5	5.27	16.64
2015	10.84	9.63	—	173.0	5.57	15.96
2016	12.80	11.34	—	173.0	6.55	13.52
2017	11.41	9.65	—	174.0	5.54	15.25
2018	12.04	10.82	—	188.0	5.76	15.61
2019	12.09	10.83	—	207.0	5.23	17.12

註：現金股利 4 捨 5 入至小數點後 2 位　　資料來源：XQ 全球贏家

現金股利怎麼辦？可以觀察公司每季獲利，若沒有明顯的連續衰退，我就會預期隔年的現金股利至少會有今年的水準。因此，若看到崑鼎股價下跌個 3%、5%，且現金殖利率在 5% 之上，都滿適合存股族布局。

原則2》股價跌至近3年平均本益比之下可以加碼

如果要用本益比評估崑鼎適合買進的價位，我喜歡用近 3 年的平均本益比來評估。例如，我們可從券商網站找到崑鼎過去幾年的本益比（詳見表 4），如果取 2018 年到現在的最高和最低本益比平均值，大約就是 15.89 倍。那

表4 崑鼎近3年平均本益比約15.89倍

崑鼎（6803）歷史本益比

年度	最高本益比（倍）	最低本益比（倍）
2016	16.93	13.64
2017	16.11	13.48
2018	16.01	14.09
2019	17.59	14.21
2020	18.86	14.56
2018～2020平均本益比（倍）	15.89	

註：資料日期至 2020.06.03　　資料來源：XQ 全球贏家

麼，當股價落在 15.89 倍以下我就會考慮加碼。

原則3》股價漲至近3年最高本益比平均值，暫停買進

當股價漲到最近 3 年最高本益比平均值時，我認為股價就偏高了。此時，我會暫停買進，先買其他持股較少、股價較低的股票。

5-4 快速成長股》日友 廢棄物處理業務持續增長

　　台灣醫療廢棄物處理龍頭大廠日友（8341，股價走勢詳見圖1），是我手中最具成長性的公司，也是我的持股市值最高的股票。這檔股票我在之前的書中都有介紹過，因此本文除了重點分享日友的優勢，更重要的是談談這家公司的未來發展與存股策略。

基本優勢》台灣醫療廢棄物處理市占率第1

　　「日友環保科技股份有限公司」為潤泰集團子公司，2014年興櫃掛牌，並在2015年由興櫃轉上市，目前由潤泰新（9945）持有26.62%股權（截至2020年3月31日）。日友的環保處理事務涵蓋上游的廢棄物清運、中游的焚化、物化、固化，以及下游的掩埋處理（詳見圖2）。

　　由於廢棄物處理屬於特許行業，新的競爭者不易進入，

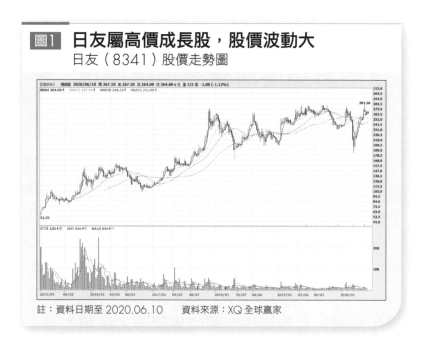

圖1 日友屬高價成長股,股價波動大

日友(8341)股價走勢圖

註:資料日期至 2020.06.10　　資料來源:XQ 全球贏家

再加上焚化爐和掩埋場屬於嫌惡設施,興建不易。若以護城河優勢來分析,日友擁有「規模優勢」以及「無形資產」當中的政府特許權優勢。

日友在 1994 年 11 月成立,第 1 座焚化廠設置在雲林縣廠區(以下簡稱雲林一廠),主要從事醫療廢棄物處理,也是台灣第 1 家專業生物醫療廢棄物焚化處理廠,2002

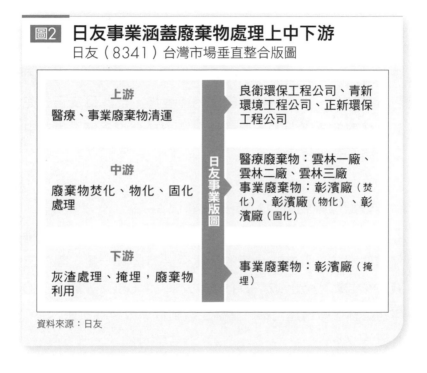

圖2 日友事業涵蓋廢棄物處理上中下游

日友（8341）台灣市場垂直整合版圖

上游 醫療、事業廢棄物清運	日友事業版圖	良衛環保工程公司、青新環境工程公司、正新環保工程公司
中游 廢棄物焚化、物化、固化處理		醫療廢棄物：雲林一廠、雲林二廠、雲林三廠 事業廢棄物：彰濱廠（焚化）、彰濱廠（物化）、彰濱廠（固化）
下游 灰渣處理、掩埋，廢棄物利用		事業廢棄物：彰濱廠（掩埋）

資料來源：日友

年 5 月雲林二廠也加入營運。

2005 年日友在中國成立「北京潤泰環保科技有限公司」，於 2008 年透過旗下控股公司取得 100% 股權，其醫療廢棄物焚化處理廠（以下簡稱北京一廠）在 2012 年完工，2013 年底正式營運。

2012 年底，日友取得位於彰化縣濱海工業區的「中區事業廢棄物綜合處理中心經營權」，亦即現在的「日友彰濱廠」，主要從事的是事業廢棄物處理，也是台灣唯一同時擁有焚化、固化、物化設施的掩埋場，自此日友正式完成一條龍的事業版圖。此後日友持續在台灣擴廠，也在中國陸續成立新公司。

台灣醫療廢棄物處理》市占率達34%

截至目前（2020 年 6 月初）的資料，在台灣醫療廢棄物處理部分，日友在台灣的焚化廠共有雲林一廠、雲林三廠，核准處理量分別為每月 540 公噸、1,080 公噸（2020 年初雲林一廠整建完畢，雲林二廠則拆除改建為庫房）。

日友在醫療廢棄物處理市占率為 34%；其中，在全國感染性事業廢棄物委託共同處理市場，更占約 50% 市場。日友在醫療廢棄物處理的毛利率維持 45% 至 55% 左右。

台灣事業廢棄物處理》近年占日友整體營收比重最高

台灣事業廢棄物處理部分，共有彰濱一廠、彰濱二廠，核准處理量分別為每月 2,100 公噸，這也是近年占日友整

體營收比重最高的業務。

1. 彰濱一廠: 主要處理液態廢棄物,因為 2020 年桃園市政府核發多張執照,有數家小廠參與競爭,因此市場上廢液處理價格稍有波動。但日友強調,根據過去的經驗,小廠競爭力並不強,日友處理量並無明顯減少,且毛利率仍維持在 55% 左右,僅略低於日友公司整體毛利率。

2. 彰濱二廠: 於 2019 年 5 月正式營運,以處理固態廢棄物為主,種類繁多,因此運轉初期稼動率(編按:也就是設備的利用率)無法提升。經過了將近 1 年的調整、改善設備,目前稼動率可以維持在 90% 以上、毛利率有60% 以上的水準。

中國市場》北京潤泰為北京最大醫療廢棄物處理廠

中國市場部分,日友 100% 持股的北京一廠(北京潤泰環保科技有限公司),也是北京市最大的醫療廢棄物處理廠,每日處理量為 54 噸,年處理量為 1 萬 6,425 噸。北京二廠已於 2020 年 3 月投產,每日核准的醫療廢棄物處理量為 72 噸,兩廠合計每日處理量將達 126 噸,可望提

升北京潤泰在北京市醫療廢棄物處理的市占率。

2020 年初,中國爆發新冠肺炎疫情,日友北京潤泰廠被指定為疫情廢棄物主要處理廠商。疫情期間,中國很多媒體都在幫日友宣傳,包括中央電視台 CCTV 在 8 點檔黃金時段,都多次報導日友的技術能力。日友也因此得到一些地方政府的邀約,邀請日友去當地設立醫療廢棄物處理廠,這也將成為日友未來的成長動力。

前景展望》台灣市場持續成長,中國市場具潛能

台灣市場在短時間內仍然是日友的主要營收來源,而不管是事業廢棄物、醫療廢棄物,都長期呈現成長趨勢。

從事業廢棄物來看,2004 年全台灣申報事業廢棄物清理量約 1,329 萬噸,2018 年已成長到約 2,011 萬噸。而委託或共同處理量(即透過廢棄物處理公司處理)在 2004 年為 210 萬噸,2018 年則約 261 萬噸。

根據 2019 年 12 月 19 日出刊的《商業周刊》,於〈台

商大回流加速　毒垃圾浩劫〉一文所做的統計，截至 2018
年，全台灣囤積未處理的事業廢棄物已累積達 614 萬噸。
這些廢棄物囤積在自家公司廠區或小型處理廠，但由於空
間有限，未來仍必須交給合法處理廠商處理。

　　再加上 2018 起，美中貿易戰愈演愈烈，許多台灣企業
選擇回台設廠，其中絕大多數都是製造業，可以想見，將
來事業廢棄物勢必快速增加。

　　另外，近幾年非法棄置廢棄物層出不窮，若企業更重視
廢棄物處理問題，對於日友這樣的合法廢棄物處理廠商，
也是長線利多。

　　除了北京廠，日友自 2016 年起陸續布局中國事業廢棄
物市場，截至 2020 年 6 月初的資料，各廠狀況大致如下：

　　1. 山西運城廠：山西運城廠預計 2020 年 9 月到 10 月
可以完工進行試燒。運城市位於中國河套地區最繁榮的區
域，鄰近山西、河北、河南和陝西省；其中，河南省的洛
陽市和陝西省的西安市有多家韓國電子大廠。

2. **江蘇宿遷掩埋場**：環評已經通過，最快可於 2020 年 9 月開始動工，毛利率可以維持 50% ～ 60% 以上。

3. **河北廊坊廠**：歷經 2、3 年的土地變更，2020 年河北廊坊廠的廠房用地終於確定，目前申請的項目是醫療廢棄物和事業廢棄物同時處理，但細項尚未確認完畢，所以河北廊坊廠也會是下一個可以動工興建營運的廠房。

4. **江蘇江陰廠**：用地和政府還喬不定，持續溝通中。

5. **山西大同廠**：目前尚在環評收集期間，但廠房位於水源區，所以要看當地政府的態度。

除了上述已經申請核可的子公司之外，日友也表示，不排除會有其他小廠的購併案。但由於新冠肺炎疫情關係，公司高層無法前往中國，都是用視訊在談，因此進度緩慢，最快要到 2020 年下半年以後才會有結果。

以 2019 年日友的營收結構來看（詳見表 1），除了最大營收貢獻來自於台灣事業廢棄物處理（彰濱廠，包含焚

表1 **台灣事業廢棄物處理占日友營收63%**

日友（8341）近3年各事業營收占比

營收類別	2017年		2018年		2019年	
	營收（億元）	占比（%）	營收（億元）	占比（%）	營收（億元）	占比（%）
台灣醫療廢棄物處理	5.52	29	6.06	27	6.19	24
台灣事業廢棄物處理	10.76	57	12.68	57	16.47	63
北京醫療廢棄物處理	2.18	11	2.37	11	2.56	10
其他	0.57	3	0.95	4	0.98	4
合計	19.04	100	22.06	100	26.20	100

註：1.營收單位為億元；2.「台灣事業廢棄物處理」包含焚化、物化、固化處理；3.「其他」
　　包含事業廢棄物清運、勞務及銷售收入、廢乾電池處理等
資料來源：公開資訊觀測站

化、物化、固化等），占營收比重 63%；其次為台灣醫療
廢棄物處理（雲林廠），占營收比重 24%；北京醫療廢棄
物處理（北京一廠）則占整體營收約 10%。

　　再仔細看近 3 年各事業的營收表現，每一項都有愈來
愈高的趨勢，共同推動了日友的成長。日友在 2014 年
時年度營收僅 12 億 4,600 萬元，2019 年已經高達 26

表2　**5年來，日友稅後淨利增2倍多**

日友（8341）營收與獲利表現

年度	營業收入（億元）	營業利益（億元）	稅後淨利（億元）
2014	12.46	3.76	3.04
2015	16.25	6.26	5.14
2016	18.16	7.52	6.14
2017	19.04	8.79	7.84
2018	22.06	10.15	8.23
2019	26.20	11.99	9.93

資料來源：XQ 全球贏家

億 2,000 萬元，5 年來營收整整翻 1 倍。稅後淨利更從 2014 年的 3 億 400 萬元，成長到 2019 年的 9 億 9,300 萬元，5 年成長超過 2 倍（詳見表 2），是名副其實的成長股。

存股策略》跌到近3年本益比低點可進場

在我的持股當中，日友的本益比偏高，殖利率也偏低（詳見表 3）。很多存股族對它很有興趣，卻因為股價而對它望之卻步。我在 2014 年日友還是興櫃股票時就開始買進，

表3　日友現金殖利率僅約2%～3%

日友（8341）獲利與配息表現

年度	EPS（元）	現金股利（元）	股票股利（元）	股價（元）	現金殖利率（%）	本益比（倍）
2014	3.04	2.2	—	89.6	2.46	29.47
2015	4.71	3.5	—	142.5	2.46	30.25
2016	5.50	4.5	—	149.0	3.02	27.09
2017	7.03	6.0	—	255.0	2.35	36.27
2018	7.38	6.5	—	264.0	2.46	35.77
2019	8.91	8.0	—	253.5	3.16	28.45

註：年度為股利所屬年度，股價、殖利率與本益比取自隔年 5 月第 1 個交易日
資料來源：證券櫃檯買賣中心、公開資訊觀測站

當時買進價格約在 46 元～ 53 元之間。而現在日友已經是超過 250 元的高價股了，很多朋友都好奇，我有沒有再繼續買進？

　　日友的股性相當活潑，把時間拉長來觀察，遇到利空或是系統性風險的時候，日友下跌的幅度也沒有在客氣的。未來日友股價的變化仍舊會隨著市場的供需、小廠的競爭、新廠的環評和完工時間而有明顯波動，有時候甚至會有巨幅的波動。但長期看來，我認為日友在兩岸是非常有競爭力的，也因為股價波動大的特性，當它大跌的時候，正好

提供存股族一個絕佳的逢低進場時機。

　　而我自己在買股票時，習慣優先加碼手中較少的股票。而日友又是我的第一大持股，因此我平常不會特地去買。以 2020 年上半年來說，我只有在 3 月恐慌大跌才有繼續加碼日友。

　　那麼，跌到什麼程度就算是相對便宜？由於日友還在成長階段，若用過去 4 季累積 EPS（每股盈餘）計算，本益比就會呈現偏高的狀態，因此我不會單純用傳統的本益比（通常本益比大於 20 倍會被認為是偏高），或用現金殖利率是否夠高來評估買進價位（一般穩健經營的個股，我多會希望買進的殖利率有 5%），而是看它的歷史本益比。

　　我的想法是，只要一檔成長股還在成長軌道，市場就會繼續給它差不多的本益比，因此如果能在近 3 年平均本益比以下買進，就算是相對合理的進場位置。想要買得更便宜，可以等股價跌到近 3 年歷史最低本益比的時機。

　　例如，日友從 2018 年到 2020 年 6 月 1 日為止，本益

表4　日友近3年平均本益比約30倍

日友（8341）歷史本益比

年度	最高本益比（倍）	最低本益比（倍）
2016	36.93	20.41
2017	38.00	22.00
2018	39.94	25.25
2019	38.36	25.98
2020	30.07	21.24
2018～2020平均本益比（倍）	30.14	

註：資料日期至2020.06.03　資料來源：XQ全球贏家

比最高曾到將近 39.94 倍，最低則是 21.24 倍，中間值約 30 倍（詳見表 4）。而計算本益比時的 EPS 要採用哪一種？可以分為 2 種情況：

情況1》用過去4季累積EPS

如果想要保守一點，就用日友過去 4 季（2019 第 2 季～2020 年第 1 季）的累積 EPS 9.42 元，乘上近 3 年平均本益比 30 倍為 282.6 元（若想要參考更長區間的歷史本益比，也可以拉長觀察區間），在這個價位以下，可視為相對合理的位置。

　　如果真的擔心市場本益比下修，那就再等股價靠近最近
3年最低本益比平均值，也就是大約 24.16 倍、股價 227
元左右（EPS 9.42 元 ×24.16 倍），就是相對理想的買
進機會。

情況2》考慮成長性，使用預估EPS

　　而日友是成長股，也可以使用預估 EPS 去估算目前的本
益比。假設看到證券公司研究報告，預估日友的 2020 年
EPS 是 10.4 元，那麼就可以嘗試用這個數字來計算。

　　要注意的是，預估 EPS 時，需要對公司接下來的業績發
展有所掌握。如果真的不確定公司的獲利成長幅度，那麼
保守一點，直接用上述第一種方法估價就可以了。保留一
點安全邊際，用低一點的價格入手，也比較不會患得患失。

　　最後再次提醒大家，日友殖利率低，但較具成長性。假
設完全沒有持股，可在股價低於合理價或接近低估價時以
零股小額買進，或是乾脆先買其他更值得的標的，大家可
以根據自己的承受度去做持股配置。

5-5 快速成長股》鮮活果汁-KY 中國市場滲透率、成長性高

時序進入夏天，販售各式清涼飲品的飲料店總是大排長龍，想在飲料市場找投資機會，當然就要挑選能夠穩穩賺錢的公司了。不過，終端的飲料店市場因為進入門檻不高，競爭相當激烈，似乎很難找到擁有護城河、能長久獲利的好公司。因此，與其在產業的下游苦苦尋覓，不如再往產業的中上游找「飲料店的供應商」。鮮活果汁-KY（1256，以下簡稱鮮活）就是這樣的公司，跟德麥的營運方式十分相似。

我在 2019 年才注意到鮮活，並且從 2019 年 7 月除權息貼息之後開始留意買進價格，直到 8 月份我才開始買進，股價在 200 元左右。才買了半年，就遇到 2020 年 3 月新冠肺炎疫情。

由於鮮活的主要市場在中國，在各大城市陸續封城的影

響下，鮮活的營運明顯受到衝擊。2020年2月營收公布，年衰退85%，股價更從農曆春節前封關日的242元（2020年1月20日收盤價），最低跌到159.5元（2020年3月19日收盤價），跌幅34%（詳見圖1）。

我在這段期間還是持續加碼買進，最低買在177.5元，儘管沒有買到最低點，但還是在「好公司遇到倒楣事情」的時候，累積了不少股數，也大幅降低了持股成本。疫情緩和後，鮮活的月營收也逐漸回溫，公司營運狀況逐漸回到正軌。

基本優勢》飲料原料供應商，不怕下游廠商競爭

鮮活的全名是「鮮活控股股份有限公司」，為中國大型飲料原料中游供應商。1998年，「鮮活實業（崑山）食品工業有限公司」於中國江蘇省創立，創辦人為來自台灣的現任董事長黃國晃先生，在導入供應鏈管理並引進自動化生產設備之後，業績快速增長。

2010年鮮活控股股份有限公司正式設立，並在2012

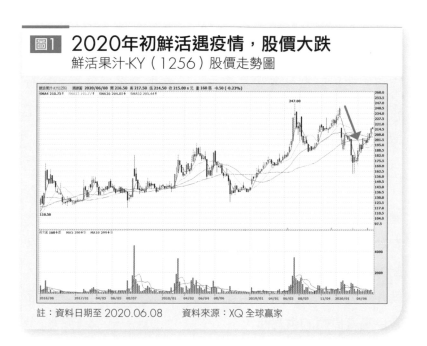

圖1　2020年初鮮活遇疫情，股價大跌

鮮活果汁-KY（1256）股價走勢圖

註：資料日期至 2020.06.08　　資料來源：XQ 全球贏家

年回台灣櫃檯買賣中心掛牌上櫃，再於 2016 年轉為上市公司。目前在中國華東、華北、華南皆有設廠，分別位於江蘇省崑山市、天津市以及廣東省肇慶市。

鮮活賣的原料不是茶，而是飲料的配角，主要有 3 大類：果汁（如濃縮果汁、含果肉果汁、非濃縮還原汁等）、果粒（如果泥、冷凍果蓉等）、果粉（如大豆粉、豆漿粉、

牛奶味果粉等）；其中又以果汁與果粒為主，兩者占營收比重9成以上（詳見圖2）。其銷售方式主要是透過經銷商販售給地區型外賣式茶飲店、中餐店、烘焙複合式餐飲店等，以及直接銷售給大型全國性連鎖餐飲店、食品加工廠等。

不同於競爭者多是採取大量生產後銷售，鮮活透過ERP管理系統，採取「先接單再生產」的豐田式生產管理模式，有效管理庫存。且鮮活擁有高度研發能力，手中掌握眾多配方，能夠根據客戶的需求進行客製化。接單之後，5天就能準備原料、生產並且出貨給客戶，這讓鮮活成為眾多客戶高度倚賴的供應商。

除了在生產面，鮮活是採取接單後再生產的模式，在帳款方面，鮮活對大多數的客戶也都採用「先收貨款再出貨」的方式，因此公司發生呆帳的情況非常低。尤其在疫情期間，大多數商家有可能關店或歇業付不出貨款，鮮活卻不會受到影響。

鮮活在中國華東的滲透率有60%以上、華北20%、華

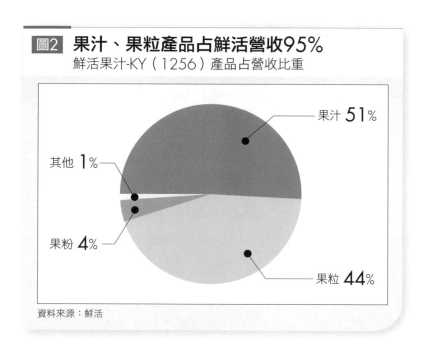

圖2 **果汁、果粒產品占鮮活營收95%**
鮮活果汁-KY（1256）產品占營收比重

果汁 **51**%

其他 **1**%

果粉 **4**%

果粒 **44**%

資料來源：鮮活

南則有 25% 左右。根據兆豐證券在 2019 年發布的訪談報告，鮮活在中國的客戶，超過 100 個連鎖品牌（例如快樂檸檬、鮮芋仙、日出茶太、古茗奶茶、王品、CoCo 都可⋯⋯等）、4 萬家門市。

　對於這種生產每天重複消費產品，且擁有客戶高滲透率的公司，我是很有「Fu」的（編按：很有感覺的意思）。

表1　鮮活稅後淨利5年成長125%

鮮活果汁-KY（1256）營收與獲利表現

年度	營業收入（億元）	營業利益（億元）	稅後淨利（億元）
2014	20.54	3.80	2.43
2015	24.05	3.31	2.11
2016	26.79	3.83	2.27
2017	29.17	4.50	2.87
2018	32.21	6.04	4.42
2019	35.21	7.53	5.48

資料來源：XQ 全球贏家

　　實際來看營收與獲利表現，鮮活在 2014 年的營收為 20 億 5,400 萬元，2019 年已成長至 35 億 2,100 萬元（詳見表 1），累積成長約 71%，年複合成長率為 8%。稅後淨利雖然在 2015 年有所下滑，然而 2016 年就恢復成長。2014 年的稅後淨利為 2 億 4,300 萬元，2019 年達到 5 億 4,800 萬元，累積成長 125%，年複合成長率高達 12.3%，成長性相當不錯！

　　而從 2015 年起，鮮活包括毛利率、營業利益率、稅後淨利率等利潤比率，也連續 4 年出現成長（詳見圖 3），

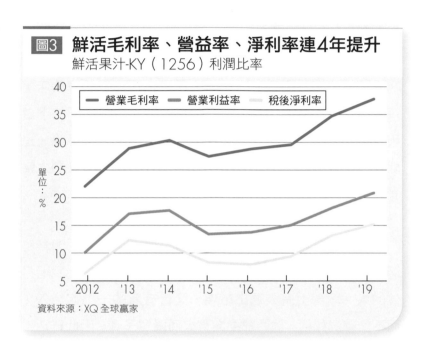

圖3 **鮮活毛利率、營益率、淨利率連4年提升**
鮮活果汁-KY（1256）利潤比率

資料來源：XQ全球贏家

這代表產品的競爭力愈來愈強，獲利的能力日益增加。

　鮮活和德麥的經營模式很相似，但德麥主要是進口並銷售原料，或將原料進行加工以及研發烘焙商品，位於產業鏈的中上游；鮮活則是進行水果原料的加工，製成濃縮果汁、果粒、果粉等產品，再進行銷售，處於產業鏈的中游。兩家公司都具備規模經濟，都可以幫客戶客製化產品，可

說是食品餐飲業的隱形冠軍。

除了茶飲店的生意，鮮活的客戶還包括複合式餐飲店、烘焙店、甜品店……等，因此德麥和鮮活也有共同的下游市場客戶，像是 85 度 C、快樂檸檬、喜茶……等等。這或許也是 85 度 C（美食 -KY，股號 2723）近年獲利大幅衰退的原因之一，因為有許多大大小小的業者加入競爭。

不過，鮮活和德麥在中國的業績仍舊大幅成長，因為鮮活和德麥是供應子彈的廠商，並不像 85 度 C 是上戰場打仗的人。戰場上有人退出市場，又會有新的一批人加入，而不論戰況如何，他們都要向軍火商購買子彈，因此鮮活、德麥這類的供應商，仍然可以繼續賺錢。

前景展望》布局中國3、4線城市，具成長潛力

近幾年來，中國餐飲業和烘焙業每年的複合成長率都有10% 以上；2019 年中國茶飲市場規模高達人民幣 4,000 億元，足足是咖啡市場的 2 倍。而且中國受到中美貿易戰影響，政府實施減稅降費等措施，讓中國更加速朝向內需

消費市場轉型。再加上鮮活積極布局快速發展中的中國 3、4 線城市，至少在未來 5 ～ 10 年內，鮮活的成長性是不用擔心的。

為了擴大生產能力，鮮活已經在 2019 年 10 月，完成華北天津二期廠房和華南廣東二期廠房的擴廠。過去鮮活的產能是每年 7 萬 5,000 噸，天津廠和廣東廠加入營運後，可將產能提升至每年 9 萬 5,000 噸，增幅達到 26.7%，而且產能全部運轉的上限是 11 萬 5,000 噸，代表還有再成長 21% 的潛能，值得我們繼續觀察。

鮮活最大的護城河就是已達規模經濟，可以提供客製化獨家的產品，這對小廠是非常巨大的門檻。客製化產品的毛利率也比較高，CoCo 都可和 85 度 C 都賣檸檬汁，但是鮮活提供兩家客戶不同的配方。

海外市場方面，以東南亞和日本為主。鮮活在 2018 年和 2019 年上半年已小量出貨，但只滿足當地客戶的需求，算是被動式服務客戶而已。但從 2019 年下半年，鮮活開始布局當地市場，也準備找當地經銷商，開始主動出擊。

由於過去鮮活淡旺季非常明顯，冬季（第4季）的營運狀況，是所有季度當中最差的，所以，鮮活於2017年成立子公司鮮南食品（鮮活持股75%），開始研發銷售冬季飲品的原料；包括植物蛋白飲、豆粉、豆奶、豆漿、核桃奶、杏仁露……等，在2019年第4季起已經少量出貨，我們未來可再持續追蹤鮮活的淡季業績增長是否能持續。

除此之外，鮮活在2015年成立上海光裕堂飲料有限公司，專為自助餐店、高檔飯店、工廠、接待中心、娛樂場所……等提供現調飲料設備，消費者能隨時隨地自助式取得果汁飲料，大幅節省客戶的成本與增加便利性。

不過，光裕堂並未貢獻鮮活獲利，因為自成立開始至2019年皆在虧損（詳見表2），關於這個問題，2020年鮮活股東會上，發言人也有提到，鮮活成立於1998年，直到2006年、2007年才達到損益平衡，接下來就爆發、大賺錢了。公司認為新業務在前幾年是布局與築底的過程，不只現調機業務（光裕堂），還有這幾年新投資的豆奶系列產品（鮮南）也是虧損；但是公司仍看好未來發展，全力推廣布局。

表2　鮮活子公司光裕堂至2019年仍虧損

鮮活果汁-KY（1256）中國子公司光裕堂稅後淨利

年度	稅後淨利（萬元）
2015	-609.9
2016	-3,594.4
2017	-2,377.1
2018	-1,579.8
2019	-2,657.9

資料來源：公開資訊觀測站

　　像是以光裕堂為例，中國的現調機市場，過去還有主要兩家競爭者。然而，現在另外兩家已經退出市場，中國經營現調機業務的公司就只剩下光裕堂（截至2019年底為止）。未來我們也可以繼續觀察鮮活子公司業務的表現。

存股策略》逢一次性衝擊，在合理價下逢低進場

　　屏除2020年第1季的衰退，從長期趨勢來看，公司正處於高速成長當中，可以歸類為成長型的公司。身為成長股，鮮活的現金股利配發率和現金殖利率都不高，2019年EPS為16.2元，於2020年配發的現金股利是6.2元，

配發率僅 38.3%（詳見表 3）。假設以 2020 年 5 月 4 日收盤價 200.5 元計算，現金殖利率也只有 3.09%。因此，若想持有這檔股票，就要有短時間內只能領到低配息的心理準備。

買進成長股，會犧牲短期的現金殖利率，但由於公司成長性較大，往後也可以期待領到更多的現金股利；長期來看，也有機會享受股價的成長。而穩健型公司的現金殖利率較高，成長性則比較弱。這就要看你自己如何配置投資組合了。

同樣地，我在評估買進價位時會參考最近 3 年的平均本益比（詳見表 4），並且分別用過去 4 季累積 EPS，或是參考法人報告預估的 EPS，去估算合理價。我會在合理價以下慢慢買進零股，或在市場最恐慌的時候加碼。

中國封城、停工，市場 100% 都在中國的鮮活勢必受到嚴重衝擊。不過，疫情終究會結束，不會每年發生，因此只能算是一次性的衝擊。就好比在你的城市只有一家飲料店，老闆宣布出國度假 6 個月公休不營業，消費者只好忍

表3 **鮮活尚處於成長軌道，現金殖利率偏低**

鮮活果汁-KY（1256）近年獲利與配息概況

年度	EPS（元）	現金股利（元）	股票股利（元）	股價（元）	現金殖利率（％）	本益比（倍）
2014	9.85	5.5	1.0	221.0	2.49	22.44
2015	7.76	4.0	—	120.0	3.33	15.46
2016	8.35	4.2	—	137.5	3.05	16.47
2017	10.01	5.0	—	174.0	2.87	17.38
2018	14.35	6.2	1.0	170.5	3.64	11.88
2019	16.20	6.2	—	200.5	3.09	12.38

註：年度為股利所屬年度，股價、現金殖利率與本益比取自隔年 5 月第 1 個交易日
資料來源：台灣證券交易所、公開資訊觀測站

受半年內無法喝飲料，但是 6 個月過後，這家店一樣是大排長龍。新冠肺炎不會永久存在，1、2 年過後，大家就會忘記新冠肺炎這件事情了，身為中國飲料原料的龍頭公司，生意還是一樣好。

可以確定的是，鮮活在 2020 年第 1 季獲利大幅年衰退 86.8%（第 2 季可能也不會太好），並不是因為失去了長期競爭力，也不是喪失了護城河。鮮活是因為疫情停工，競爭者也一樣停工。獲利衰退和股價暴跌，都是因為整體大環境的影響，此刻對於長期存股者而言，如果這時候不

表4　鮮活近3年平均本益比約13.61倍

鮮活果汁-KY（1256）歷史本益比

年度	最高本益比（倍）	最低本益比（倍）
2016	22.75	13.36
2017	18.90	12.59
2018	19.36	10.20
2019	15.80	10.35
2020	15.60	10.37
2018～2020平均本益比（倍）	13.61	

註：資料日期至 2020.06.03　　資料來源：XQ 全球贏家

買，等市場先生恢復理性時，就只好用更高的價錢買進了。

隨著中國疫情和緩，2020 年 2 月起鮮活在中國 3 地的工廠也陸續復工，廣東廠於 2 月 22 日復工，崑山廠為 2 月 25 日復工，天津廠則在 3 月 4 日復工。

鮮活 5 月營收以新台幣計算是 3 億 1,800 萬元，相較 2019 年 5 月的 3 億 6,500 萬元，衰退 -12.51%；但如果用原幣（人民幣）計算，年衰退僅僅 -5.39%，已經快要揮別疫情陰霾。加上中國政府也在發放消費券拼內需、救

經濟，時序進入 6 月、7 月，天氣逐漸轉熱（真的是非常炎熱），公司營收應該很快就會恢復成長軌道。

接下來，股價將會隨著公司逐漸轉好的基本面靠攏，我會繼續貫徹「紅燈停綠燈行，車子沒故障就不用下車」的理念，在合理價之下慢慢買進存股。

5-6 快速成長股》柏文 穩健展店計畫推升獲利增長

在我脫離流浪教師身分後,空閒的時間多了,開始每天下午都會到戶外跑步。雖然喜歡運動,但是我對健身房實在興趣缺缺,當時我總覺得要在陽光下運動才算是運動,在室內跑步哪算是運動?所以在 2016 年時,即使知道有一檔股票柏文(8462),是經營連鎖健身中心「健身工廠」的公司,營收與獲利都持續成長,股價才 80 多元~ 100元,我始終提不起興趣去研究它。

這幾年,除了大型連鎖健身房不斷擴張營業據點外,小型健身房也如雨後春筍般地成立;直到住家附近開設了一座國民運動中心,開啟了我接觸健身運動的契機。剛開始我也只是抱持著觀摩和看看的心態進去,沒想到從此愛上健身運動。

本來都在戶外長跑的我,容易受到長時間強烈的陽光曝

曬或暴露在空汙當中；再加上長跑過度、缺乏重量訓練，反而導致肌肉量流失。這也是我接觸到健身房之後，就沒有再去戶外運動的原因。1、2 年下來，我的身體狀態比起以前只有跑步時更加結實，精神也變得更好。

至此之後，我看待柏文的眼光就不同了，它開始變成一檔讓我很有感的股票。不過，股價跟我剛開始認識它時相比，已經上漲了一大截，2019 年 7 月股價最高來到 302.5 元（詳見圖 1）。我在評估它的成長性之後，等待它向下修正，才於 2019 年 8 月開始慢慢以零股買進，第 1 次買進的價格是 228.5 元。後來它的股價一路下跌，還碰上 2020 年 3 月新冠肺炎疫情而腰斬，正好讓我有機會向下加碼。

在向下加碼的過程中，我雖然沒有買到最低價 101.5 元，但我最低在 2020 年 3 月 18 日買到 1 張 126 元的股票。疫情這段期間，因為不斷逢低加碼，也讓我累積到一些基本的部位。

再複習一下我的選股條件，我喜歡不受景氣影響、每天

重複消費，並且可長可久的民生消費龍頭產業。當自己迷上健身運動之後，我深深體會健康是一輩子的事情，只要愛上健身，你就會做一輩子的消費者，這是一個黏著度非常高的產業。再加上這是一個快速成長的行業，也造就國內兩大健身房不斷擴展營業據點的盛況。

近年來，運動健身風氣盛行是不爭的事實，國人的健康意識抬頭，民眾更加重視體態，加上社群打卡風氣興盛，電視媒體也常播出國內外的運動賽事，這都加深了國民喜歡運動的習慣。

儘管 2020 年初發生新冠肺炎疫情，國人減少去健身房避免群聚感染，但疫情也會讓人們更重視身體健康，因此我認為對於健身產業來講，應該是短空長多。

基本優勢》台灣市占率第2，具備品牌優勢

隨著疫情漸趨和緩，資本市場恢復理性，柏文股價又開始回升；2020 年 6 月初，股價站回 200 元，我的帳上未實現虧損也很快變成未實現獲利。接下來只要柏文的成長

圖1 柏文股價於2020年初大跌後又快速回升

柏文（8462）股價走勢圖

註：資料日期至 2020.06.08　　　資料來源：XQ 全球贏家

狀況持續，我也會持續持有這檔股票。

　　柏文的全名是「柏文健康事業股份有限公司」，所經營的「健身工廠」目前是台灣第 2 大連鎖健身房品牌（詳見表 1），具備品牌優勢（市占率第 1 名為香港商來台投資的世界健身俱樂部（World Gym），截至 2020 年 6 月股票並未上市）。

柏文成立於 2005 年 10 月，2006 年創立「健身工廠」品牌。第 1 家健身工廠高雄博愛廠於 2007 年開幕，2008 年開設高雄九如廠，第 2 家健身工廠成立。2010 年跨出高雄，3 月在台南開出安平廠。

柏文在 2011 年揮軍北上，成立子公司柏鑫（柏文持股 60%），於台北市成立信義廠；2013 年進軍台中，精明廠於 8 月開幕……截至 2020 年 3 月，柏文在台灣共有 47 個健身工廠據點，預計 2025 年前以在台灣開出 80 家健身工廠為中期目標。

2014 年柏文股票登錄興櫃，而後分別於 2016 年轉上櫃、2019 年轉上市，是台灣第 1 家上市的運動健身中心。營收來自於 3 個項目：1. 休閒與服務（年費）；2. 運動保健服務（教練課程）；3. 入會費（這是一次性收入）。

除了健身工廠之外，柏文尚有其他 3 個品牌，包括保齡球館「滾吧」、彈跳遊樂場「肖跳」、全國最大兒童體適能俱樂部「Sklub」，唯這 3 個品牌尚未達到經濟規模，因此公司目前並沒有積極展店的計畫。

表1	柏文為國內第2大連鎖健身房				

國內主要大型連鎖健身房比較

品牌	World Gym	健身工廠	Fitness Yoga	極限 Extreme	BEING Sport
公司	世界健身	柏文	全真	極強	統一佳佳
成立	2006.06	2005.10	2005.08	2004.07	2003.04
資本額（億元）	1.11	6.82	0.18	0.70	0.15
主品牌店數（家）	76	47	12	8	5
副品牌店數（家）	13	3	1	0	6

資料來源：柏文 2020 年法說會

　　以柏文約 20 萬名的會員數計算，市占率約 19.04%。但若以柏文 2019 年度的營收約 35 億 2,700 萬元，對比全台灣健身中心的收入 129 億 7,500 萬元計算，柏文的市占率則有 27.18%。近年健身工廠以穩健的速度展店，柏文的營收與獲利也扶搖直上。

　　2014 年柏文的營收只有 8 億 2,300 萬元，2019 年已成長到 35 億 2,700 萬元，累積成長 328%；稅後淨利則從 2014 年的 8,800 萬元，成長至 2019 年的 4 億 7,000

萬元，累積成長 434%，年複合成長率 27%，成長性相當驚人（詳見表 2）。

前景展望》運動人口增加，柏文持續展店計畫

我喜歡簡單易懂的股票，我會買進柏文，主因是我看好台灣健身房的人口比重還有成長空間，也認同柏文不採取貿然快速展店，而是堅持穩健的展店計畫，至少在未來 10 年之間，可望保持這個趨勢。如果你的看法跟我不同，那就建議你忽略這檔股票。

我看好柏文的成長，有以下 3 個重點：

1.台灣付費運動人口呈成長趨勢

從柏文在 2020 年法説會提供的資料來看，從事健身房運動的人口比重（占全台灣 15 歲以上人口比重），2013 年僅有 1.4%，而後逐年上升，2017 年已成長 1 倍到 2.81%，2019 年更成長至 5.1%，但比起歐美國家達 15% 以上的健身會員滲透率，還有一段不小的距離，台灣應有很大的成長空間。

表2 柏文稅後淨利5年成長434%

柏文（8462）營收與獲利表現

年度	營業收入（億元）	營業利益（億元）	稅後淨利（億元）
2014	8.23	0.96	0.88
2015	12.08	1.48	1.30
2016	16.96	1.87	1.54
2017	22.75	3.29	2.74
2018	30.12	5.52	4.44
2019	35.27	6.47	4.70

資料來源：XQ全球贏家

　　而台灣整體健身產業的銷售額，在 2011 年約為 21 億 3,000 萬元，2019 年已大幅成長至 129 億 7,000 萬元，年複合成長率高達 25%，近 2 年更是以超過 28% 的速度在成長（詳見表 3）。

　　另外，柏文也估計，如果以台灣各區域的人口數與潛在健身人口計算，各區域都還有潛在的健身房空間。

　　例如，截至 2019 年 11 月的資料，北北基（台北市、新北市、基隆市）潛在健身人口約有 50 萬 3,000 人，

表3	**台灣健身產業銷售額近2年成長率皆逾28%**

台灣整體健身產業概況

	2013	2014	2015	2016	2017	2018	2019
銷售金額 年成長率（%）	18.22	33.08	28.36	20.62	26.49	28.14	28.68
健身人口數 （萬人）	28.0	39.9	52.2	55.4	57.6	66.6	105.0
15歲以上健身 人口比率（%）	1.40	1.98	2.57	2.72	2.81	3.24	5.10

資料來源：柏文 2020 年法説會

潛在健身房規模為 117 家；其中，市占率第 1 的 World Gym 有 41 個據點，而健身工廠僅有 10 個據點（詳見表 4）。就算計入規模較小的健身房，整體健身房市場也尚有發展空間。

2.柏文持續展店計畫，估2025年展店至80家

截至 2020 年 3 月，柏文在全台灣開設的健身工廠共有 47 個據點，預計 2025 年底前要在全台開設 80 個據點，可預期柏文的總會員人數將繼續增加，促使營收向上成長。

再從健身工廠的單店會員人數趨勢觀察，2011 年單店

表4　台灣健身市場尚有發展空間

台灣潛在健身市場規模

地區	人口數 （萬人）	潛在健身人口 （萬人）	潛在健身房 規模（家）	健身工廠 店數（家）	World Gym店數 （家）
北北基	704	50.3	117	10	41
桃竹苗	373	21.0	59	8	12
中彰投	457	19.8	56	6	7
雲嘉南	336	10.1	29	6	7
高　屏	361	16.3	44	13	9
宜花東	101	2.5	9	0	3

註：資料日期至2019.11　　資料來源：柏文

平均會員人數為2,857人，2019年已經成長到4,748人，單店會員數有明顯增加的趨勢（詳見表5），可見這些年來有愈來愈多的人加入付費健身運動的行列。假設未來單店會員人數增加的趨勢不變，那麼為柏文帶來的營收成長性將會更為可觀。

3.舊場館折舊攤提結束後，毛利率將提高

公司開設一家新場館之後，在財報上，必須要把器材設備、空調水電消防等折舊費用分期攤提。其中，空調水電

消防分 8 年攤提，器材設備則需要分 5 年攤提。

在器材設備方面，使用年限通常是 5 年，所以用 5 年平均去攤提折舊成本。然而柏文的器材維修不是委外，畢竟委外還要時間等待，況且會員看到器材「待修」感覺就不好；因此柏文的健身工廠有專門的維修公務部門，由專門的保養維修人員維護，自己保養的器材可以使用 10 年以上。

由於器材設備在 5 年之後就不用再認列折舊費用，因此 5 年之後，這些器材等於是柏文的生財工具；可以說，柏文採取的自行保養維修制度，也是護城河之一。

也因此，健身工廠所開設的新場館，毛利率一定會比較低，舊場館的毛利率則會因為攤提結束而提高。毛利率的提升，再加上限制型員工權利新股（編按：公司無償配發給員工的股票）攤提費用在 2019 年第 3 季為最高峰，往後會愈來愈低，因此在柏文的財報上，這個費用會愈來愈少，未來幾年的獲利成長性也是可以期待的。

另外要注意的是，IFRS 16（國際財務報導準則第 16 號

表5 2011年以來，柏文單店會員人數持續增加

柏文（8462）營業據點及會員人數變化

年度	營業據點（家）	會員人數（萬人）	單店平均會員人數（人）
2011	7	2.0	2,857
2012	7	2.4	3,428
2013	10	3.5	3,500
2014	15	5.5	3,666
2015	20	7.2	3,600
2016	27	11.3	4,185
2017	31	14.2	4,437
2018	39	17.8	4,450
2019	45	20.0	4,748

資料來源：柏文 2020 年法說會

「租賃」）於 2019 年上路，規定公司承租廠房，需認列使用權資產的折舊費用與租賃負債的利息費用。因此柏文在 2019 年財報上，一次認列了過去所有場館自開放以來的相關費用，金額非常高。而往後公司只需認列當年度費用，一定比較低。不過，這項費用也將會隨著場館的增加而逐漸提升。

2019 年底有一則新聞 —— 台灣連鎖健身中心龍頭

World Gym 在 2020 年，預計砸 53 億元再開 20 個場館，將會達到 110 個場館，比起健身工廠預計在 2020 年的 53 個場館目標多 1 倍。難道我不擔心柏文被搶走市占率嗎？

對於資本額只有 1 億多元的 World Gym 來說，要大幅展店，無疑是用借貸增資的方式；而擴張如此迅速，未來的發展有 2 種可能性：

1. 如果 World Gym 展店計畫成功，而且維持不錯的業績，大者恆大，World Gym 將持續維持台灣健身市場的龍頭地位。

2. 如果 World Gym 營運不如預期，恐拖垮公司的財務。當時的新聞報導當中也提到，World Gym 已由永豐金證券輔導，準備掛牌上市。身為投資人，我當然也會從財報看看它的財務結構；如果滿意，也不排除買進 World Gym 股票。畢竟健身工廠加上 World Gym，這兩家健身雙雄在全台灣將合計有超過 100 萬人的會員數，能夠同時持有它們的股票也是滿不錯的。然而，若是 World Gym 的財務

結構不佳，我也會先保持觀望。

　　事實上，柏文不是沒有能力快速展店，身為股票上市公司，要向銀行借錢的利率也比較低，又可以辦現金增資或發公司債向股東募集資金，錢一定不是問題。但柏文的展店策略是訴求穩健成長，以長期賺錢為目的，若為了快速展店，店租沒計算清楚、人員沒做好教育訓練、器材設備不夠好、消費者的體驗不好，就沒有下次機會了。想想如果你去一家餐廳消費，當餐廳的品質變爛、服務人員的態度很差，你還會去這家店嗎？因此要把每一家場館都做得很好比較重要，務必要求每個據點都獲利才是首要目標。

　　根據我的了解，柏文在展店時會考量到下列幾個因素：「當地常住人口數」「店租」「面積大的場館」「可以取得合法健身房使用的執照」「健身教練和專業人才」等。由於目前台灣付費健身人口的滲透率愈來愈高，因此會評估當地人口數有 10 萬人，且在店租合理的情況下，才會前去設場館。

　　健身中心不像便利商店一樣已趨近飽和，幾乎很難找到

絕佳地點開店；由於健身產業還有很大的展店空間，所以店租太貴的地方，根本不需過去，可先找店租便宜的地點。

過去寶雅（5904）和中國大潤發也是類似的經營策略，先在 3 線、4 線城市設點打基礎，待基礎穩固之後，再前往 1 線 2 線城市發展。10 年前美妝店品牌有名佳美、美華泰、佳瑪⋯⋯等，但如今只剩下寶雅，因此穩中求勝才是柏文經營的策略。

那麼其他競爭對手先占據了地盤，不怕被搶走生意嗎？對此，柏文財務長繆尚志先生在股東會上給我的答覆是「不怕」！柏文表示，在評估完設廠條件都可行的話，就會開新廠，而且也不會考慮競爭對手有沒有在當地設有據點，只要新廠不要打到健身工廠自己就好。

柏文是用高品質的進口器材，規畫符合消費者需求的課程（瑜伽、有氧、飛輪、舞蹈⋯⋯等），力求用最好的服務態度吸引消費者。

對於已經有競爭者進駐的地區，柏文也表示不會迴避，

反而會視此為機會；因為當地民眾或許會因為先有其他健身房，而開始培養運動習慣；等到健身工廠設廠後，柏文也是有信心吸引消費者加入的。

存股策略》趁外資大賣，股價大跌時買進

相信大家會有個疑問，我最早認識柏文這檔股票時，股價還不到 100 元，後來我卻在 200 多元買進第 1 張柏文，難道不覺得買貴了嗎？

當初，2016 年柏文股價 100 元的時候，台灣只有 20 多家據點；而我在 2019 年買進時，柏文有 45 家據點。請問如果你打算購併柏文的健身工廠，買 20 多家店要花的錢比較多，還是買 40 家店要花的錢比較多？當然是後者呀！這和統一超是一樣的意思，7-Eleven 門市愈開愈多家，整體價值與賺到的錢本來就會愈來愈高，投資人必須花更多錢去持有它的股票，也是理所當然的事。

再以會員數來說，2016 年時柏文單店會員數 4,185 人，到了 2019 年單店會員數約 4,748 人，也代表柏文在單店

所收取的會員費愈來愈多。

因此，在 2019 年時用 200 多元股價，投資擁有 45 家健身工廠的柏文，我並不認為是比 2016 年更昂貴的投資。

股價會反映未來，柏文預計每年新開 5 ～ 8 家健身工廠。論邊際效應，若要跟 7-Eleven 相比，柏文的成長速度會明顯許多。2019 年，7-Eleven 已經超過 5,700 家了，未來幾年再開 50 家，對營收與獲利的貢獻不會有太大影響。但是 2019 年時健身工廠才不到 50 家，如果未來幾年再開 50 家，那麼獲利就是估計成長 1 倍。再加上若有更多的人口開始付費健身、加入私人教練課程，柏文的獲利成長性就更高了

柏文未來的成長性還滿明確的，本益比偏高，現金殖利率偏低（詳見表 6），股價也有很大的波動性，因此我一開始也是用買零股的方式存股。不過，我比較幸運，開始投資不久後，就有機會在 2020 年 3 月用比較低的價格加碼。根據我的投資經驗，這類高成長、波動大的成長股，要特別注意別在有利多的時候追漲買進，最好是趁外資大

表6					

柏文殖利率雖偏低，但股利持續成長

柏文（8462）近年獲利與配息概況

年度	EPS（元）	現金股利（元）	股票股利（元）	股價（元）	殖利率（％）	本益比（倍）
2014	3.86	1.17	2.00	77.50	1.51	20.08
2015	4.34	1.87	1.60	77.5	2.41	17.86
2016	3.96	1.85	1.48	87.2	2.12	22.02
2017	6.01	3.42	2.48	156.0	2.19	25.96
2018	7.69	5.29	0.99	199.5	2.65	25.94
2019	7.15	5.38	0.50	167.0	3.22	23.36

註：年度為股利所屬年度，股價、殖利率與本益比取自隔年 5 月第 1 個交易日
資料來源：公開資訊觀測站、XQ 全球贏家

賣、股價大跌的時候買，價格比較甜美。

　　同樣地，評估合理價時，我也會用最近 3 年的平均本益比（詳見表 7）計算。至於要採取多少 EPS（每股盈餘）估算，可以參考券商的訪談報告，或是留意柏文的展店計畫自行預估。

　　我在存股時，都是看未來 3、5 年後的狀況，因此在評估要用多少股價買進時，我一定會忘掉過去的股價。只思考以現在的股價，投資未來 5 年全台灣 80 家健身工廠、

表7	柏文近3年平均本益比約為27.14倍

柏文（8462）歷史本益比

年度	最高本益比（倍）	最低本益比（倍）
2016	30.75	17.51
2017	33.47	20.18
2018	32.66	21.07
2019	37.96	24.31
2020	31.13	15.68
2018～2020平均本益比（倍）	27.14	

註：資料日期至2020.06.03　資料來源：XQ全球贏家

每年可以賺1個股本、EPS有可能超越10元的股票，是否值得買進？

對存股而言，我個人比較喜歡持續成長的公司，穩健地擴張，獲利慢慢地成長，股價也緩步走高，這樣比較好。對於擴張太快又無法持續的公司，常因為獲利短線爆發，股價大漲，若後續獲利無法持續，那麼在股價大漲時存股，會有長期套牢的風險。

所以，我絕對不投資現在看起來本益比很低、殖利率很

高，3、5 年後卻是衰退的公司；我只投資未來成長性明確
的好股票！

「健康意識、重視體態、極端氣候、空汙危害、社群分享、
平價消費」是促成台灣健身市場持續、快速成長的要素。
除非這個趨勢改變、柏文不再成長，才會是我退出這項投
資的理由。

國家圖書館出版品預行編目資料

華倫老師存股系列 養對股票存千萬 / 周文偉（華倫）
著. -- 一版. -- 臺北市：Smart智富文化, 城邦文化,
2020.07
　面；　公分
ISBN 978-986-98797-5-0(平裝)

1.股票投資 2.投資分析 3.投資技術

563.53　　　　　　　　　　　　　　109009221

Smart 智富
華倫老師存股系列　養對股票存千萬

作者	周文偉（華倫）
文字整理	黃嫈琪
商周集團	
榮譽發行人	金惟純
執行長	郭奕伶
總經理	朱紀中
Smart 智富	
社長	林正峰（兼總編輯）
副總監	楊巧鈴
編輯	胡定豪、施茵曼、連宜玫、陳婕妤、陳婉庭、劉鈺雯
資深主任設計	張麗珍
版面構成	林美玲、廖洲文、廖彥嘉
出版	Smart 智富
地址	104 台北市中山區民生東路二段 141 號 4 樓
網站	smart.businessweekly.com.tw
客戶服務專線	（02）2510-8888
客戶服務傳真	（02）2503-5868
發行	英屬蓋曼群島商家庭傳媒股份有限公司城邦分公司
製版印刷	科樂印刷事業股份有限公司
初版一刷	2020 年 07 月
初版四刷	2021 年 08 月
ISBN	978-986-98797-5-0

 **讀者服務卡**

WBSI0095A1
《華倫老師存股系列：養對股票存千萬》

為了提供您更優質的服務，《Smart 智富》會不定期提供您最新的出版訊息、優惠通知及活動消息。請您提起筆來，馬上填寫本回函！填寫完畢後，免貼郵票，請直接寄回本公司或傳真回覆。Smart 傳真專線：（02）2500-1956

1. 您若同意 Smart 智富透過電子郵件，提供最新的活動訊息與出版品介紹，請留下電子郵件信箱：

2. 您購買本書的地點為：
   □超商，例：7-11、全家
   □連鎖書店，例：金石堂、誠品
   □網路書店，例：博客來、金石堂網路書店
   □量販店，例：家樂福、大潤發、愛買
   □一般書店

3. 您最常閱讀 Smart 智富哪一種出版品？
   □ Smart 智富月刊（每月 1 日出刊）　　□ Smart 叢書　　□ Smart DVD

4. 您有參加過 Smart 智富的實體活動課程嗎？　　□有參加　　□沒興趣　　□考慮中
   或對課程活動有任何建議或需要改進事宜：

5. 您希望加強對何種投資理財工具做更深入的了解？
   □現股交易　　□當沖　　□期貨　　□權證　　□選擇權　　□房地產
   □海外基金　　□國內基金　　□其他：

6. 對本書內容、編排或其他產品、活動，有需要改善的事項，歡迎告訴我們，如希望 Smart 提供其他新的服務，也請讓我們知道：

您的基本資料：（請詳細填寫下列基本資料，本刊對個人資料均予保密，謝謝）

姓名：	性別：□男 □女
出生年份：	聯絡電話：
通訊地址：	

從事產業：□軍人　□公教　□農業　□傳產業　□科技業　□服務業　□自營商　□家管

您也可以掃描右方 QR Code、回傳電子表單，提供您寶貴的意見。

想知道 Smart 智富各項課程最新消息，快加入 Smart 自學網 Line@。

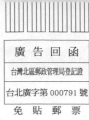